# NACHHALTIG EINKAUFEN
# IM HANDUMDREHEN

compact via ist ein Imprint der Compact Verlag GmbH

© Compact Verlag GmbH
Baierbrunner Straße 27, 81379 München
1. Auflage 2017

Autor: Jana Lösch
Redaktion: Maximilian Eberhard
Produktion: Ute Hausleiter
Abbildungen: siehe Bildnachweis (S. 126)
Umschlaggestaltung und Layout: Enrico Albisetti
Satz: Pixelcolor, Neuried

ISBN 978-3-8174-1640-0
381741640/1

www.compactverlag.de

MIX
Papier aus verantwor-
tungsvollen Quellen
FSC® C108080
FSC
www.fsc.org

# INHALT

# VORWORT

Nachhaltiger Konsum ist ein Gewinn – an Zeit, an Geld, an Lebensfreude. Wie oft artet Konsum in Stress aus? Wir sind satt und essen im Durchschnitt viel mehr, als wir brauchen: zu viel Fleisch, zu viel Zucker, zu viele Kalorien. Unsere Kleiderschränke sind voll und trotzdem schleppen wir tütenweise noch mehr Kleider aus den Läden, mehr, als wir jemals anziehen können. Die Müllberge wachsen, die Nutzungsdauer von Konsumgütern sinkt, die Haltedauer der Investments auch im privaten Haushalt hat sich massiv verkürzt.

Doch halt. Jetzt erst einmal tief Luft holen. Denn nicht alle machen das. Der Trend zu verantwortungsvollem Handeln greift um sich, immer mehr Menschen setzen auf weniger Konsum, und wenn sie doch einkaufen, suchen sie nach den richtigen Produkten. Rund 39 Prozent geben zwar an, dass Routinen davon abhalten, nachhaltig einzukaufen. Was aber, wenn wir diese Routinen ändern?

Nachhaltiger Konsum ist möglich – und er fällt leichter denn je. Die Produkte begegnen uns überall. Somit können wir jeden Tag faire Wirtschaftsweisen befördern, die Umwelt weniger belasten und unseren Geldbeutel schonen – indem wir bewusst konsumieren und uns am Anfang jeder Kaufentscheidung selbst befragen, ob wir das Begehrte wirklich brauchen und ob es sein Geld wert ist. Am Ende macht die ganze Sache sogar Spaß, man spürt eine gewisse Ressourcenleichtigkeit und entwickelt neue Ideen. Also auf geht´s! Für eine neue Konsumkultur.


*Yvonne Zwick*
*(Wissenschaftliche Referentin beim Rat*
*für Nachhaltige Entwicklung)*

# JEDER EINZELNE BEITRAG ZÄHLT!

Nachhaltig einkaufen, na klar! Am besten mit wiederverwendbaren Taschen aus Baumwolle oder Jute.

Die gute Nachricht: Nachhaltig einkaufen ist heute schon möglich. Und jeder Einzelne kann damit dazu beitragen, Umwelt und Klima zu schützen. Denn unsere Konsumentscheidungen haben Folgen für Mensch und Natur – welche Lebensmittel wir essen, wie wir uns kleiden, welche Dinge wir kaufen.

Ein großer Anteil der Treibhausgasemissionen – fast ein Drittel – hängt mit dem Kauf von Konsumgütern zusammen.[1] Jedes Produkt verursacht während seines Lebenszyklus $CO_2$-Emissionen: bei der Gewinnung der benötigten Rohstoffe, der eigentlichen Herstellung, der Nutzung und schließlich bei der Entsorgung. Wie stark der eigene Lebensstil Umwelt und Klima belastet, hängt also ganz entscheidend vom persönlichen Konsumverhalten ab.

# RICHTIG KONSUMIEREN

Wer nachhaltig einkauft, tut nicht nur etwas für die Umwelt. Denn es ist in vielerlei Hinsicht gesund und kann sogar kostensparend sein. Mit kleinen Schritten geht es voran – in eine bessere Zukunft für alle. Jeder kann die Weichen in seinem Leben neu stellen: für sich selbst, für seine Kinder, Enkel und Urenkel.

Nachhaltig konsumieren heißt, die „richtigen" Produkte zu kaufen, doch es kann paradoxerweise auch den bewussten ‚Nicht-Konsum" beinhalten. Produkte, die als nachhaltig bezeichnet werden, sind in der Herstellung und Nutzung energiesparend und umweltfreundlich. Zudem werden die Menschen, die sie erzeugen, angemessen bezahlt. Zu guter Letzt: Nachhaltige Produkte lassen sich möglichst lange nutzen und anschließend recyceln.

Durch nachhaltiges Konsumverhalten kann jeder Einzelne dazu beitragen, dass nachfolgende Generationen gut und gesund leben können. Außerdem: Werden mehr nachhaltige Produkte seitens der Verbraucher nachgefragt, steigt der Druck auf die Wirtschaft, solche Konsumgüter auf den Markt zu bringen. Somit kann jeder den nachhaltigen Konsum ankurbeln und Unternehmen dazu motivieren, sich für Umwelt, Natur und Tierschutz zu engagieren.

## INFO

Im sogenannten *Brundtland*-Bericht[2] von 1987 gab die Weltkommission für Umwelt und Entwicklung der Vereinten Nationen folgende Definition: Nachhaltig ist eine Entwicklung, „die den Bedürfnissen der heutigen Generation entspricht, ohne die Möglichkeiten künftiger Generationen zu gefährden, ihre eigenen Bedürfnisse zu befriedigen und ihren Lebensstil zu wählen".

Nachhaltig einkaufen kann bedeuten, dass man mit alten Gewohnheiten bricht. Das erfordert zumindest am Anfang ein wenig Mühe, auf jeden Fall mehr Planung. Doch mit der Zeit stellen sich neue Routinen ein. Wie nachhaltig jeder von uns seine Einkäufe machen kann, hängt auch von der eigenen Lebenssituation und vom Einkommen ab. Zwar kann man sich einen Bio-Markt mit frischen regionalen Produkten wünschen, doch ob er in der Nachbarschaft zu finden ist, können wir letztlich nicht beeinflussen. Auch ein gut ausgebautes Nahverkehrssystem auf dem Land lässt sich leider nicht, wie gewünscht, aus dem Ärmel schütteln. Nicht alles, was wir gerne ändern würden, ist daher umsetzbar. Doch jeder kleine Schritt – und sei er noch so winzig – ist ein wichtiger Schritt.

## WO SOLL ICH ANFANGEN?

Auch wenn Ihnen sicherlich viele Fragen im Kopf herumschwirren: „Wo soll ich anfangen?", „Welchen Produkten kann ich vertrauen?" und „Kann ich mir einen nachhaltigen Lebensstil überhaupt leisten?", so finden Sie garantiert Ihren persönlichen Einstieg. Einen ersten Schritt haben Sie übrigens bereits getan, indem Sie dieses Buch lesen.

Möchten Sie Ihre Ernährung umstellen und dabei auf Ihre Gesundheit, das Tierwohl und ökologische Aspekte achten? Oder möchten Sie generell bewusster einkaufen und nach Möglichkeit dabei Geld sparen? Benötigen Sie neue Haushaltsgeräte? Oder möchten Sie ohne Verpackungsmüll shoppen? Wo Sie anfangen, Ihre Einkaufsgewohnheiten in Richtung Nachhaltigkeit zu ändern, liegt ganz bei Ihnen. Dieses Buch möchte Ihnen Wissenswertes vermitteln und ein engagierter Ratgeber und Begleiter auf Ihrem Weg sein. Nicht alle Themen werden für jeden von Ihnen gleichermaßen wichtig sein. Und nicht jeder wird gleich alles umsetzen können. Doch das ist auch nicht das Entscheidende. Viel wichtiger ist: Sie schenken einer wichtigen Frage Aufmerksamkeit, suchen nach neuen Wegen und sind vielleicht schon ein großes Stück dabei vorangekommen.

# 2 NACHHALTIGER KONSUM – DIE HINTERGRÜNDE

## 2.1 ZUM BESSEREN VERSTÄNDNIS – ÖKOLOGISCHER RUCKSACK UND FUSSABDRUCK

*Forscher sprechen davon, dass jedes Produkt einen ökologischen Rucksack mit sich trägt. Unser persönlicher Ökoballast besteht zum Teil aus der Summe der „Rucksäcke" aller Produkte, die wir kaufen und konsumieren. Der ökologische Fußabdruck bezieht sich auf unseren Ressourcenverbrauch im Gesamten.*

Jedes Produkt trägt einen Rucksack auf seinen Schultern – wenn auch im übertragenen Sinne.

Der Begriff ökologischer Rucksack wurde 1994 von dem Chemiker und Umweltforscher Friedrich Schmidt-Bleek[3] geprägt, um sein Konzept MIPS[4] (Material-Input pro Serviceeinheit) zu verdeutlichen. Es geht bei MIPS (einfach gesagt) darum, wie viel Nutzen aus einer bestimmten Menge Ressourcen gezogen wird. Bei der Herstellung industrieller Güter gehen im Durchschnitt ca. 90 Prozent der verwendeten natürlichen Ressourcen verloren.[5]

Das zeigt sich am Beispiel eines Mobiltelefons. Zwar ist es mit ca. 80 Gramm an sich recht leicht, doch sein ökologischer Rucksack wiegt ca. 75,3 Kilogramm.[6] Dabei werden alle verbrauchten Rohstoffe berücksichtigt. Und das sind alle natürlichen Stoffe, die für die Herstellung, den Transport, die Nutzung und die Entsorgung eines Produkts aufgewendet werden, also für alle Phasen seines Lebenszyklus.

## TIPPS FÜR EINEN LEICHTEREN ÖKOLOGISCHEN RUCKSACK AM BEISPIEL EINES HANDYS

- Entscheiden Sie sich für ein Secondhand-Gerät, statt immer ein neues Handy zu kaufen.

- Nutzen Sie Ihr Mobiltelefon möglichst lange Zeit. Durch den Austausch des Akkus können Sie die Lebensdauer zusätzlich verlängern.

- Um bei der Nutzung Ressourcen einzusparen, wählen Sie ein Gerät, das Energie spart.

- Wollen Sie das Gerät austauschen, bringen Sie es zum Händler oder zum Recyclinghof. So können die Rohstoffe wiederverwertet werden. Ein gutes Beispiel bietet: handysfuerdieumwelt.de.

## ÖKOLOGISCHER FUSSABDRUCK

Gibt der ökologische Rucksack über den Ressourcenverbrauch Auskunft, der mit dem Konsum verschiedener Produkte zusammenhängt, so lässt sich anhand des ökologischen Fußabdrucks der Bedarf bestimmen, den der Lebensstandard eines Menschen überhaupt bedingt. Der eigene Lebensstil bestimmt die Größe des ökologischen Fußabdrucks. Dargestellt werden kann er für einzelne Menschen, für ein Land, für eine Stadt oder Gemeinde.

**INFO**

Wollen Sie den ökologischen Rucksack für verschiedene Produkte *berechnen* und so einen Blick auf Ihren persönlichen Ressourcenverbrauch werfen? Dann sei Ihnen diese Homepage ans Herz gelegt: nabu.de/umweltundressourcen/oekologischleben/alltagsprodukte/oekologischerrucksack.html.

Das Konzept des ökologischen Fußabdrucks wurde von den Wissenschaftlern Mathis Wackernagel und William Rees in den 1990er-Jahren entwickelt.[7] Wenn man so will, haben sie ein Soll-und-Haben-System für die Umweltressourcen unserer Erde entwickelt. Dabei geht es um die Frage: Wie viel kann uns die Natur zur Verfügung stellen und wie viel nutzen wir davon? Ermittelt wird die Fläche, die benötigt wird, um die Rohstoffe zur Verfügung zu stellen, welche die Menschen für Ernährung, Konsum, Energie, Mobilität usw. verbrauchen. Hinzu kommt der Bedarf an natürlichen Flächen, welche benötigt werden, um Rückstände aus der Verbrennung fossiler Energie (zum Beispiel Kohlendioxid) aufzunehmen und umzuwandeln.

Wurde einst nur ein Bruchteil der Ressourcen genutzt, welche die Erde, ohne Schaden zu nehmen, zur Verfügung stellen konnte, hat sich das in den letzten Jahrzehnten dramatisch geändert. Seitdem leben wir über unsere ökologischen Verhältnisse. Das ist umso besorgniserregender, als ein Großteil der natürlichen Ressourcen nur in begrenztem Umfang vorhanden und nicht erneuerbar ist.

## INFO

Am 19. Dezember 1987 fand zum ersten Mal der *Earth Overshoot Day* (eine Kampagne des Global Footprint Network) statt. Das ist der Stichtag, ab dem wir jährlich aus ökologischer Sicht über unsere Verhältnisse leben. Ab diesem Tag werden mehr Ressourcen verbraucht, als eine sich selbst erhaltende Natur innerhalb eines Jahres produzieren kann. Im Jahr 2015 fand der Earth Overshoot Day bereits am 13. August statt – sechs Tage früher als noch 2014.

Laut dem *Living Planet Report* von 2014 des World Wide Fund For Nature (WWF) verbraucht jeder Deutsche statistisch gesehen pro Jahr mehr als doppelt so viele Ressourcen, als ihm nach dem globalen Pro-Kopf-Limit zustehen.[8] Bei diesem Verbrauch bräuchten wir heute bereits anderthalb Erden, 2030 bereits zwei. Der weltweite Fußabdruck ist jetzt bereits fast 30 Prozent größer als die dauerhaft auf der Erde verfügbaren Ressourcen. Bereits seit Ende der 1980er-Jahre lebt die Menschheit auf Pump – und zwar bei der Natur. Oberstes Ziel muss deshalb sein, den ökologischen Fußabdruck zu verringern. Berechnen Sie Ihren persönlichen Fußabdruck und erhalten Sie wertvolle Tipps, diesen zu reduzieren auf: footprint-deutschland.de.

## 2.2 KONSUMBEDINGTER RESSOURCENVERBRAUCH

*Die natürlichen Lebensgrundlagen zu erhalten ist eine Voraussetzung für eine nachhaltige Entwicklung. Im alltäglichen Leben werden Land, Wasser und eine Vielzahl von Rohstoffen beansprucht. Zusätzlich werden klimaschädliche Treibhausgase wie Kohlendioxid ($CO_2$) ausgestoßen. Und die werden zu einem beträchtlichen Teil durch den Kauf von Konsumgütern verursacht.*

Seit dem Jahr 1750 ist die $CO_2$-Konzentration in der Atmosphäre um über 40 Prozent gestiegen.[9] Und sie steigt Jahr für Jahr weiter. Die dadurch ausgelöste Erderwärmung hat Folgen: Wetterextreme nehmen zu, landwirtschaftliche Anbaugebiete verringern sich durch Dürren und der Anstieg des Meeresspiegels führt dazu, dass viele Inselstaaten und Küstenregionen zu versinken drohen. Der globale Durchschnitt des pro Kopf herbeigeführten $CO_2$-Ausstoßes liegt derzeit bei fast sieben Tonnen Kohlendioxid pro Jahr. In Deutschland verursacht jeder Mensch im Schnitt sogar 11,5 Tonnen pro Jahr.[10] 90 Prozent der $CO_2$-Emissionen werden in den Bereichen Energie (Strom und Heizung), Mobilität, Ernährung und Konsum verursacht.

Sieht lecker aus! Dumm nur, dass mit dem Kauf und Verzehr von Fleisch eine ganze Menge $CO_2$-Emissionen verbunden sind.

| Bereich | Anteil |
| --- | --- |
| Konsumgüter | 30 Prozent |
| Energie | 24 Prozent |
| Mobilität | 23 Prozent |
| Ernährung | 13 Prozent |
| öffentliche Emissionen | 10 Prozent |

Anteile $CO_2$-Ausstoß nach Bereichen[11]

Die Statistik zeigt: Der größte Anteil unserer Treibhausgasemissionen fällt auf den Kauf von Konsumgütern. Jedes Produkt, das wir im Laufe unseres Lebens kaufen, verursacht während seines Lebenszyklus $CO_2$-Emissionen. Auch das Ernährungsverhalten hat Einfluss auf den $CO_2$-Ausstoß. Hier wirkt sich insbesondere die Menge des Fleischkonsums aus. Natürlich wollen wir dem zentralen Thema Ernährung in diesem Buch mit dem nächsten Kapitel einen eigenen Schwerpunkt widmen, auf den besonders wichtigen Aspekt Fleischverzehr wollen wir aber bereits jetzt kurz zu sprechen kommen.

## FLEISCHKONSUM IN DEUTSCHLAND

Im Schnitt werden in Deutschland pro Kopf jährlich 89 Kilogramm Fleisch (Stand 2015) verbraucht.[12] Allein dadurch entstehen ca. zwei Tonnen $CO_2$ im Jahr pro Person, wenn man die Emissionen, die für Futtermittel, Transport und Weiterverarbeitung benötigt werden, mit einberechnet (siehe dazu uba.co2-rechner.de/de_DE/). Nahezu 70 Prozent der Treibhausgasemissionen, die mit unserer Ernährung verbunden sind, lassen sich auf den Verzehr tierischer Lebensmittel zurückführen, auf pflanzliche Produkte dagegen nur etwa 30 Prozent.[13] Auch wenn es uns schwerfällt – auf Fleisch zu verzichten bringt viele Vorteile:

*Weniger Fleischverzehr sichert Menschen weltweit Nahrung und Existenz.*

Nahezu ein Drittel der weltweiten Landfläche wird für die Futtermittelproduktion genutzt.[14] Kein Wunder! Für ein Kilogramm Fleisch werden im Schnitt zehn Kilogramm Pflanzenfutter verbraucht. Unser Fleischkonsum verursacht somit eine Konkurrenz um Agrarflächen: Für Kleinbauern in ärmeren Ländern heißt das, dass ihnen die Existenzgrundlage entzogen wird. Ihre Flächen fallen der Brandrodung für den Futtermittelanbau zum Opfer, den wir in der Tiermast benötigen. Große Mengen Futtermittel wie Soja werden häufig aus Brasilien oder Argentinien importiert.

*Weniger Fleischverzehr schützt die Umwelt.*

Dass für den Futtermittelanbau enorme Flächen beansprucht werden, gefährdet nicht nur die Existenz vieler Kleinbauern in Drittwelt- und Schwellenländern, sondern führt weltweit zur Zerstörung natürlicher Lebensräume. Die Folge davon: Tier- und Pflanzenarten sterben aus. Ein weiterer umweltschädlicher Aspekt ist: Der Anbau von Futtermitteln in riesigen Monokulturen ist nur durch den Einsatz großer Mengen an synthetischen Düngemitteln und Pestiziden möglich. Zudem hat die Fleischproduktion einen erheblichen Einfluss auf das Klima: Grünland oder Regenwälder, die als $CO_2$-Senken dienen, werden für Weideland oder den Anbau von Futterpflanzen zerstört. Und durch die Viehhaltung entstehen unmittelbar schädliche Emissionen, vor allem Methan und Lachgas bei der Rinderhaltung.

*Weniger Fleischverzehr ist gut für unsere Gesundheit.*

Die Deutsche Gesellschaft für Ernährung (DGE) spricht sich in ihren *10 Regeln* auch für eine nachhaltige Ernährung aus.[16] Und diese beinhaltet eine Verringerung des Fleischkonsums, der in Deutschland etwa doppelt so hoch ist, wie von der DGE empfohlen. Grund dafür ist: Ein vermehrter Verzehr von rotem Fleisch bzw. Fleischwaren erhöht das Risiko für eine Vielzahl von Krankheiten wie Dickdarmkrebs, Herz-Kreislauf-Krankheiten und Diabetes mellitus Typ 2. Hinzu kommt der Einsatz von Antibiotika zur Gesunderhaltung der Tiere in der Tiermast, der für den Menschen insofern gefährlich ist, als er als Ursache für die Verbreitung sogenannter multiresistenter Keime gilt.

## INFO

Für die Herstellung von einem *Kilogramm Rindfleisch* werden verbraucht: 15 000 Liter Wasser, 27 bis 49 Quadratmeter Fläche und bis zu 27 Kilogramm $CO_2$.[15] Die Folgen sind eine Verknappung der Wasservorkommen in den Herstellerländern, die Rodung von Regenwald und landwirtschaftlichen Flächen von Kleinbauern für neue Anbauflächen für Futtermittel – und nicht zuletzt ein beträchtlicher Ausstoß von klimaschädlichen Gasen.

## KLIMAFREUNDLICH ESSEN

Dass weniger $CO_2$-bedürftige Nahrung auf dem Teller landet, kann jeder selbst beeinflussen. Bevor es im nächsten Kapitel ausführlich um das Thema nachhaltige Ernährung geht, seien an dieser Stelle schon einmal drei wichtige Tipps für all diejenigen genannt, die durch ihre Ernährungsweise $CO_2$ sparen wollen:

Die Weltgesundheitsorganisation WHO stuft seit Ende Oktober 2015 verarbeitetes Fleisch, etwa Wurst und Schinken, als *krebserregend* ein. Dabei gilt rotes Fleisch, beispielsweise vom Schwein oder Rind, als wahrscheinlich Krebs auslösend. Diese Ergebnisse unterstützen die heutigen Ernährungsempfehlungen, den Fleischkonsum zu beschränken. Die internationale Krebsforschungsagentur IARC gehört zur WHO und hat in deren Auftrag die neue Bewertung erarbeitet. Wie viel Fleisch ohne Bedenken gegessen werden darf, dazu verweist die IARC auf nationale Empfehlungen.[17] Die Deutsche Gesellschaft für Ernährung (DGE) empfiehlt derzeit (Stand 2016) 300 bis 600 Gramm Fleisch und Wurst pro Woche.[18]

### Weniger Fleisch und Milchprodukte essen

Ein geringerer Konsum von Fleisch- und Milchprodukten und im Gegensatz dazu ein hoher Anteil von Gemüse trägt zum Klimaschutz bei. Weniger, dafür hochwertigeres Fleisch ist außerdem gesünder. Wer tierische Produkte komplett von seinem Speiseplan streichen möchte, kann im Vergleich ca. 20 Prozent der Emissionen einsparen, die im Bereich Ernährung pro Person verursacht werden.[19]

### Saisonale und regionale Lebensmittel bevorzugen

Durch einen an regionalen Produkten orientierten Einkauf werden Emissionen vermieden, die durch Transportwege entstehen. Ein zusätzlicher Vorteil: Aufgrund ihres kurzen Transports sind regionale Produkte in der Regel frischer. Allerdings kann auch eine lange Lagerung oder der Anbau im beheizten Gewächshaus viel Energie benötigen. Daher ist es sinnvoll, regional und saisonal zugleich einzukaufen. Obst und Gemüse der Saison sind zudem nährstoffreicher – ein angenehmer Nebeneffekt.

### Lebensmittelabfälle vermeiden

Jedes Jahr werden in der EU über 89 Millionen Tonnen Lebensmittel weggeworfen.[20] Eine gut geplante Vorratshaltung, Resteverwertung sowie der Kauf kleinerer Verpackungsgrößen können dabei helfen, Lebensmittel vor der Tonne zu retten. Dass Sie auf diese Weise auch zum Klimaschutz beitragen, ist klar. Denn für jedes weggeworfene Produkt muss ein neues emissionsreich hergestellt werden – das anschließend vielleicht wieder in der Mülltonne landet.

## WASSERVERBRAUCH UND SEINE FOLGEN

In den meisten Produkten stecken viel mehr Ressourcen und $CO_2$-Emissionen, als auf den ersten Blick zu erkennen ist. Das gilt nicht nur für ein leckeres Steak, sondern auch für die Herstellung eines T-Shirts. Hätten Sie gewusst, dass dafür 2700 Liter Wasser nötig sind?[22]

Jeder Deutsche verwendet im Schnitt täglich etwa 120 Liter Trinkwasser.[23] Für Körperpflege, Kochen, Trinken oder Putzen. Doch auch in Lebensmitteln, Kleidungsstücken und anderen Produkten des täglichen Lebens ist Wasser enthalten. Es wird für deren Erzeugung eingesetzt und als virtuelles Wasser bezeichnet. Am virtuellen Wasserverbrauch kann man ablesen, wie viel Wasser für die Herstellung von Produkten gebraucht wird.

Berücksichtigt man den virtuellen Wasserverbrauch, liegt der Pro-Kopf-Verbrauch an Wasser in Deutschland viel höher als die oben erwähnten 120 Liter. Der direkte Verbrauch macht nur einen kleinen Anteil des gesamten Wasserkonsums aus. Nach Berechnungen des WWF umfasst der Wasser-Fußabdruck eines Durchschnittsbürgers in Deutschland 5288 Liter am Tag.[24] Das entspricht etwa 25 vollen Badewannen. Diese berechnen sich aus dem direkten Verbrauch und dem virtuell benötigten Wasser.

Ein gutes Beispiel für den Wasserverbrauch, den wir durch unser Konsumverhalten verursachen, liefert die Produktion eines T-Shirts: Baumwolle ist immer noch die wichtigste Naturfaser für die Herstellung von Textilien. Rund

Rund die Hälfte des deutschen Wasserbedarfs hängt mit dem Import ausländischer Produkte zusammen. Und gerade hier ist ein verantwortungsvoller Umgang mit der Ressource Wasser nötig. Denn viele *wasserintensive Importgüter* wie Kaffee, Kakao oder Baumwolle stammen aus ärmeren Ländern, in denen ohnehin schon Wasserknappheit herrscht. Hier können Sie Ihren eigenen Wasser-Fußabdruck bestimmen: waterfootprint.org/en/resources/interactive-tools/personal-water-footprint-calculator.

die Hälfte aller Kleidung wird daraus gefertigt. Neben dem hohen Einsatz von Pflanzenschutz- und Düngemitteln stellt der riesige Wasserverbrauch auf den Baumwollplantagen ein großes Problem dar. Um Baumwolle für ein T-Shirt zu produzieren, werden ca. 2000 Liter Wasser benötigt.[25] Kaum zu glauben, oder? Der Wasserverbrauch bei der Gewinnung der Faser, in der Spinnerei und bei der Textilveredelung ist um ein Vielfaches höher als der direkte Wasserverbrauch, der bei der Nutzung eines T-Shirts durch Waschen und Tragen entsteht.

Bis vor 50 Jahren war der Aralsee in Zentralasien der viertgrößte Binnensee der Welt und reich an biologischer Artenvielfalt. Doch seine Zuflüsse Amudarja und Syrdarja wurden immer stärker für die Bewässerung von Baumwollplantagen genutzt. Die Folgen: An der Grenze zwischen Kasachstan und Usbekistan trocknete der See aus. Der Wasserspiegel sank, die Fläche des Aralsees wurde im Laufe der Zeit immer kleiner. Der Salzgehalt stieg, Fische und Pflanzen konnten nicht mehr überleben. Fischer wurden arbeitslos, den Menschen fehlt Trinkwasser.

Wollen Sie nicht mehr auf Kleidung angewiesen sein, deren Herstellung Unmengen von Wasser benötigt? Kein Problem. In Kapitel 4 erfahren Sie mehr über Bio-Baumwolle und nachhaltig erzeugte Textilien.

## 2.3 KONSUMVERHALTEN UND LEBENSQUALITÄT

*Um den konsumbedingten Ressourcenverbrauch zu reduzieren, müssen wir einerseits auf nachhaltige Produkte setzen. Andererseits müssen wir unser Kaufverhalten generell überdenken – Stichwort: Nicht-Konsum! Das Beste dabei ist: Wer weniger konsumiert, muss deshalb nicht unglücklich sein.*

Der Happy Planet Index (HPI) versucht, individuelles Glück bzw. die eigene Lebensqualität messbar zu machen[26] – und dabei das Kriterium der Nachhaltigkeit zu berücksichtigen. Die Kernfrage lautet: In welchen Ländern lässt es sich gut leben, ohne dass dabei die Natur zu stark belastet wird? Bei der Berechnung des Index werden drei Faktoren berücksichtigt: das subjektive Wohlbefinden, die Lebenserwartung und der ökologische Fußabdruck.

Das verblüffende Ergebnis: Ausgeprägtes individuelles Konsumverhalten steigert nicht zwangsläufig die Lebensqualität oder Zufriedenheit. Kurz gesagt: Wer viel Geld ausgibt, muss deshalb kein glücklicher Mensch sein. Umgekehrt folgt daraus, dass das Lebensglück bei einem geringen Ressourcenverbrauch nicht zwangsläufig geringer sein muss. Nimmt man den statistischen

Zufriedenheit und Glück steigen nicht mit erhöhtem Konsum und Einkommen. Das sollte man sich stets vor Augen führen.

Durchschnitt, leben die Menschen, die wenige Ressourcen verbrauchen, also nur eine Erde benötigen, genauso glücklich wie diejenigen, die mit ihrem Lebensstil dazu beitragen, dass ein Vielfaches der Erde benötigt wird. Zusammengefasst kann man also sagen, dass nach der Rechnung des HPI die Menschen im Vorteil sind, die wenig verbrauchen und dabei glücklich sind.

## GELD ALLEIN MACHT NICHT GLÜCKLICH

Das scheint ein altes Sprichwort zu bestätigen: „Geld allein macht auch nicht glücklich" – so heißt es doch. Und in der Tat: Betrachtet man eine Reihe von Auswertungen zur Lebenssituation in Europa von der europäischen Statistik-Behörde (Eurostat), fällt auf, dass Glück nicht alleine am Geld (und dem damit verbundenen Konsum) festgemacht wird.[27] Die einfache Frage, die den Menschen dabei gestellt wurde, lautete: „Wie zufrieden sind Sie mit Ihrem gegenwärtigen Leben?" Befragt wurden die Teilnehmer der Studie auch danach, was ihr Glück ausmacht.

Für 68 Prozent hängt das persönliche Glück davon ab, dass sie gesund sind und bleiben. Fast jeder Zweite legt Wert auf Familie und Kinder sowie auf einen verlässlichen Partner. Erst danach folgen eine sorgenfreie Zukunft und ein gewisser Lebensstandard als persönlicher Indikator für Glück. Zwar hängen Glück und Zufriedenheit also durchaus vom Einkommen ab, allerdings nur bis zu einer bestimmten Höhe. Sind die wichtigsten Bedürfnisse gedeckt, ist ein höheres Einkommen kaum ein Garant für mehr Wohlbehagen.

## ENTSCHEIDENDE FRAGEN

In Anbetracht dessen sollten wir uns fragen:

- Wie kann ich meinen persönlichen ökologischen Fußabdruck minimieren, ohne dabei an Glück und Zufriedenheit einzubüßen?

- An welchen Stellen kann ich mein persönliches Glück erhöhen, ohne meinen Fußabdruck dafür zu vergrößern?

Dass die Antwort darauf unterschiedlich ausfallen mag, ist klar. Jeder von uns muss selbst entscheiden, wie viel Konsumverzicht er sich leisten kann. Doch wenn wir etwas kaufen, sollten wir, so gut es geht, nachhaltige Produkte wählen. Wie das funktioniert, zeigt dieses Buch in den Bereichen Ernährung, Bekleidung und Elektronik.

## 2.4 NACHHALTIGKEIT UND FAIRER HANDEL

*„Wir können die erste Generation sein, der es gelingt, die Armut zu beseitigen, ebenso wie wir die letzte sein könnten, die die Chance hat, unseren Planeten zu retten."* [29] *Dieses Zitat aus der Agenda 2030 für nachhaltige Entwicklung der Vereinten Nationen bringt es auf den Punkt: Noch ist es nicht zu spät, doch es wird dringend Zeit, zu handeln!*

Leckere Produkte, ohne Zweifel. Doch wurden sie auch fair gehandelt?

Außerdem weist das Zitat auf einen wichtigen Zusammenhang hin: Im Sinne des Drei-Säulen-Modells bedeutet Nachhaltigkeit nicht nur das Umsetzen von ökologischen, sondern auch von wirtschaftlichen und sozialen Zielen. Dieses integrative Verständnis geht bereits auf den sogenannten *Brundtland-Bericht* (1987) der Weltkommission für Umwelt und Ernährung der Vereinten Nationen zurück. Darauf aufbauend konkretisierte die Enquete-Kommision des Deutschen Bundestages „Schutz des Menschen und der Umwelt" das Modell, nach dem sich drei Dimensionen von Nachhaltigkeit wechselweise bedingen würden. (Diese spiegeln sich auch in den insgesamt 17 Zielen wider, die in der *Agenda 2030* genannt sind.)

# FAIRER HANDEL GEGEN ARMUT

Eine Möglichkeit, ökologische, wirtschaftliche und soziale Zwecke zugleich zu erreichen, bietet fairer Handel. Die Hauptursache von Hunger und Mangelernährung in Entwicklungsländern ist Armut. Um diese langfristig zu bekämpfen, bietet die nachhaltige Entwicklung der Landwirtschaft gute Chancen. Dadurch wird zunächst eine Sicherheit der Versorgung gewährleistet. Werden Produkte (nicht nur landwirtschaftliche) durch fairen Handel abgenommen, wird zudem Beschäftigung ermöglicht und Einkommen geschaffen. Wer Produkte aus fairem Handel kauft, leistet einen direkten Beitrag, die Lebens- und Arbeitsbedingungen der Menschen in den Anbauländern zu verbessern. Kleinbauern und Arbeiter in Entwicklungsländern werden gezielt gefördert und ihre Position auf dem Weltmarkt verbessert. Sie erhalten eine gerechtere Bezahlung, müssen keinen Hunger leiden und können ihre Familien ernähren.

Denken Sie nur an die Bananen, die Sie jeden Tag in Deutschland kaufen können. Ohne den fairen Handel könnten viele Bananenbauern nicht überleben. Was sie für eine Kiste konventioneller Bananen bekommen, deckt nicht einmal die Unkosten. Zudem ist es so, dass gerade die Kleinbauern unter immer schwierigeren Bedingungen ihre Lebensmittel produzieren müssen. Sei es der Klimawandel oder seien es extreme Preisschwankungen, die dafür sorgen, dass der konventionelle Handel ihnen keine nachhaltige Lebensgrundlage für sich und ihre Familien sichert.

Enthalten die Standards der Organisationen und Unternehmen, die fairen Handel organisieren, auch ökologische Kriterien, dann erhält der Käufer nicht nur ein anständig entlohntes, sondern auch ein ressourcen- und umweltschonend hergestelltes Produkt – wobei hierbei im Grunde ein kausaler Zusammenhang besteht: Denn oftmals erlauben erst die höheren Einnahmen aus dem fairen Handel, die für Hersteller und Erzeuger teure Umstellung auf den biologischen Anbau zu verwirklichen.

## WAS HEISST FAIR GEHANDELT? UND WIE ERKENNT MAN SOLCHE PRODUKTE?

Fair gehandelte Produkte zu erkennen ist nicht immer leicht. Orientieren können Sie sich am Fairtrade-Siegel, wenn Sie im Supermarkt einkaufen. Auf der sicheren Seite sind Sie auch, wenn Sie Marken anerkannter Fair-Handels-Importeure bevorzugen (zum Beispiel GEPA, EL PUENTE, dwp und GLOBO) oder Produkte mit dem Label der World Fair Trade Organization (WFTO) kaufen.

Im Weltladen ist es einfacher: Hier können Sie sicher sein, dass die angebotenen Kaffees, Tees und Geschenkartikel aus fairem Handel stammen. Einen Weltladen in Ihrer Nähe finden Sie über die Suchmaschine des Weltladen-Dachverbandes: weltladen.de/#weltlaeden-finden.

Ein Label, das Sie auf jeden Fall kennen sollten, ist das bereits genannte Fairtrade-Siegel. Mittlerweile findet man es auf über 3000 Produkten in 42 000 Geschäften. Neben dem klassischen Siegel für fair angebaute und gehandelte Produkte vergibt Fairtrade International (FLO) zudem spezielle Gütesiegel für Baumwolle, Textilien, Kosmetik und Gold. Das „Gesetzbuch", an das sich Unternehmen, Bauern- und Plantagenverbände halten müssen, sind die sogenannten Fairtrade-Standards. Das Regelwerk umfasst soziale, ökonomische und ökologische Kriterien, die eine nachhaltige Arbeit der Produzenten in den Entwicklungs- und Schwellenländern gewährleisten. Dazu zählen festgelegte Mindestpreise für die Kleinbauern, mit denen sie sowohl ihre Produktions- als auch ihre Lebenserhaltungskosten decken können. Hinzu kommt die Fairtrade-Prämie: Diese wird zusätzlich zum Produktpreis gezahlt. (Die Höhe der Prämie wird in den Fairtrade-Standards festgelegt.) Sie wird an Gemeinschaften gezahlt, um gemeinsame Projekte, zum Beispiel die Umstellung auf Biolandwirtschaft, zu finanzieren. Wichtiger Bestandteil der Fairtrade-Standards ist außerdem die Rückverfügbarkeit in der Lieferkette.

## INFO

Zu den Hauptleidtragenden des Klimawandels zählen die Bewohner der ärmeren Länder, insbesondere die Kleinbauern. Genau hier setzt der faire Handel an: Kleine Produzenten werden durch langfristige Handelsbeziehungen und die Zahlung höherer Preise dabei unterstützt, mit den Folgen des Klimawandels wie der Verschiebung von Trocken- und Regenzeiten, extremen Dürren oder übermäßigen heftigen Regenfällen umzugehen. Die dadurch ebenfalls mögliche Umstellung auf ökologischen Landbau und die kleinbäuerliche Landwirtschaft bieten wiederum Möglichkeiten, das Klima zu schonen.

Die Umweltkriterien in den Fairtrade-Standards sollen sicherstellen, dass landwirtschaftliche Produkte ressourcenschonend und umweltverträglich angebaut werden. Dabei muss zwischen verschiedenen Spielarten ökologischen Anbaus unterschieden werden. Die strengen Anforderungen der EG-Öko-Verordnung sind kein Kriterium der Fairtrade-Standards, und das aus gutem Grund: Die Umstellung auf ökologischen Landbau ist sehr kostenintensiv. Für viele Produzenten wären zu hohe Hürden hinderlich, und sie könnten nicht am Fairtrade-System teilnehmen. Gleichwohl setzt die Organisation starke Anreize für die Bauern, auf einen ökologischen Anbau umzustellen.

Das Beispiel zeigt: Fair und bio ist nicht dasselbe: Nicht alle Bio-Produkte sind fair gehandelt. Auf der anderen Seite stellen auch nicht alle fair gehandelten Produkte Bio-Ware dar. Dennoch erreichen ca. 65 Prozent aller Produkte mit dem Fairtrade-Siegel Bio-Qualität und sind zusätzlich mit einem Bio-Label ausgezeichnet. Wer auf biologischen Anbau umstellt, bekommt im fairen Handel einen Bonus für die Zertifizierung. Außerdem werden den Produzenten zusätzliche Absatzwege eröffnet.

## MITMACHEN – WAS KANN ICH TUN?

- **Nicht nur Staaten und Organisationen sind gefragt, die Voraussetzungen für fairen Handel zu schaffen.** Jeder Einzelne kann einen Beitrag dazu leisten – indem er Produkte von Firmen boykottiert, die nachweislich ihre Arbeitskräfte schlecht entlohnen und ausbeuten.

- **Achten Sie bei Ihren Einkäufen zum Beispiel auf das Fairtrade-Siegel.** Damit können Sie sicher sein, dass die Produzenten eine gerechte Bezahlung für ihre Arbeit und ihre Produkte erhalten haben.

- **In zahlreichen Supermärkten und Bio-Läden, in Fachgeschäften und Weltläden sind zu 100 Prozent fair gehandelte Produkte erhältlich.** Zudem bieten immer mehr Geschäfte Kleidung und Textilien aus fair gehandelter Baumwolle an.

# NACHHALTIGE ERNÄHRUNG

## 3.1 WAS IST NACHHALTIGE ERNÄHRUNG?

*Nachhaltige Lebensmittel dienen als Grundlage für gesundes und genussvolles Essen. Wer bei seiner Auswahl auf solche Produkte achtet, fördert natürlich auch die Erhaltung der Umwelt, faire Wirtschaftsbeziehungen und den Tierschutz.*

Als praktische Orientierung für nachhaltige Ernährung lassen sich sechs Grundsätze ableiten:

- Bevorzugen Sie pflanzliche Lebensmittel.

- Greifen Sie zu ökologisch erzeugten Nahrungsmitteln.

- Achten Sie auf regionale und saisonale Produkte.

Saisonales Gemüse aus frischer Ernte. Wer sich nachhaltig ernähren will, trifft damit die richtige Wahl.

- Bevorzugen Sie wenig verarbeitete oder naturbelassene Lebensmittel.

- Wählen Sie fair gehandelte Lebensmittel.

- Essen Sie mit Genuss.

## NACHHALTIGE ERNÄHRUNG PAR EXCELLENCE: VOLLWERTKOST

Gemessen an diesen sechs Grundsätzen lässt sich nachhaltige Ernährung bestens durch Vollwertkost umsetzen. Das ist eine überwiegend pflanzliche Ernährungsweise, bei der gering verarbeitete Lebensmittel bevorzugt werden. Hauptsächlich werden Obst und Gemüse, Vollkornprodukte, Kartoffeln, Hülsenfrüchte sowie Milchprodukte verwertet. Zudem wird unerhitzte Frischkost empfohlen. Zusätzlich zu gesundheitlichen werden im Sinne der Nachhaltigkeit auch ökologische, wirtschaftliche und soziale Aspekte beachtet. So kommen die Erzeugnisse zum Großteil aus umweltschonender Landwirtschaft und es werden regionale und saisonale Produkte aus fairem Handel verwendet.

## TUN SIE SICH UND DER UMWELT ETWAS GUTES

Sie sehen bereits: Wer sich nachhaltig ernährt, muss deshalb nicht gänzlich auf tierische Produkte verzichten. Schon eine pflanzenbetonte Mischkost schont Ressourcen und das Klima. Denn dabei werden geringere Mengen an Treibhausgasen freigesetzt und es werden für die Produktion wesentlich weniger landwirtschaftliche Flächen und Wasser benötigt.

Derzeit werden in Deutschland jährlich pro Person etwa elf Tonnen $CO_2$-Äquivalente ausgestoßen. Die klimaverträgliche Menge läge jedoch nur bei zwei Tonnen. Etwa 20 Prozent des gesamten Treibhausgasausstoßes entfällt auf die Ernährung. Der größte Teil stammt dabei aus der Produktion tierischer Erzeugnisse.[31] Wer sich also weitgehend pflanzlich ernährt, tut der Umwelt schon allein deshalb etwas Gutes. Achten wir zudem auf den Kauf ökologisch erzeugter Lebensmittel, ist das noch besser für Klima, Wasser und Böden. Und nicht zu vergessen: Treibhausgasemissionen entstehen auch durch die verschiedenen Transportwege. Durch den Kauf regionaler Erzeugnisse werden Ressourcen und Umwelt definitiv geschont. Außerdem können wir so zur Sicherung der Welternährung beitragen, indem Ackerflächen auch in Entwicklungsländern für die dort lebenden Menschen zur Verfügung stehen.

Nachhaltige Ernährung gilt als gesund – mit Fug und Recht. Unsere Gesundheit profitiert von viel Gemüse, Obst, Hülsenfrüchten und Vollkornprodukten. Denn frische, gering verarbeitete Lebensmittel – wenn möglich aus der Region – stecken voller gesundheitsfördernder Substanzen wie Vitamine, Mineralstoffe, Ballaststoffe und sekundäre Pflanzenstoffe. Auch die Deutsche Gesellschaft für Ernährung (DGE) spricht sich in ihren *10 Regeln* für eine vollwertige (und damit nachhaltige) Ernährung aus. Verschiedenen ernährungsbedingten Krankheiten kann durch eine hohe Zufuhr an Ballaststoffen vorgebeugt werden.[32]

## 3.2 PFLANZLICHE VIELFALT GENIESSEN

*Sie können dazu beitragen, dass sich immer mehr Menschen pflanzlich ernähren und damit einen Wandel in der Gesellschaft auslösen. Wer vegetarisch oder sogar vegan leben möchte, findet heute viele Alternativen zu Lebensmitteln tierischen Ursprungs wie Fleisch, Käse oder Milch.*

Kennen Sie bestimmt! Frischer Tofu besteht aus Bohnenquark und ist eine qualitativ hochwertige tierfreie Proteinquelle.

Nicht nur gesundheitliche Gründe, sondern auch Massentierhaltung und Umweltschutz bewegen immer mehr Menschen dazu, ihren Fleischkonsum zu reduzieren. Basisprodukte für eine fleischlose Kost sind unter anderem Getreide, Reis und Hülsenfrüchte sowie Obst und Gemüse. Pflanzliche Lebensmittel liefern gesundheitlich vorteilhafte Substanzen und schonen Umwelt und Klima, weil ihre Herstellung weniger Treibhausgase bewirkt.

Aus diesen Gründen wird die Gruppe der Vegetarier und Veganer immer größer. Vegetarier verzehren nur Produkte vom lebenden Tier wie Milch, Eier und Honig sowie daraus hergestellte Lebensmittel. Fleisch, Fisch und Meeresfrüchte kommen nicht auf den Tisch. Veganer meiden sogar alle Lebensmittel tierischen Ursprungs und achten auch in anderen Lebensbereichen darauf, keine Tierprodukte zu verwenden.

# FLEXITARIER SIND IM KOMMEN

Weniger oder gar kein Fleisch, so halten es mittlerweile immer mehr Deutsche. Ein gutes Drittel der Menschen hierzulande zählt inzwischen zu den sogenannten Flexitariern.[33] Das sind weder Vegetarier noch Veganer, sondern Menschen, die nicht gänzlich auf Fleisch verzichten, aber ihren Fleisch- und Wurstkonsum mehr oder weniger stark einschränken. Vielleicht zählen auch Sie zu den Flexitariern?

Wer Fleisch nicht komplett von seinem Speiseplan streichen möchte, könnte versuchen, die Portionsgrößen zu begrenzen. Und natürlich gilt die Devise: Kaufen Sie bitte nur Fleisch, das nicht aus Massentierhaltung stammt. Am besten ist (Bio-)Fleisch aus regionaler Erzeugung oder auch Wildfleisch aus nachhaltiger Jagd.

Wer gänzlich auf Fleisch oder jedes tierische Produkt verzichten möchte, sollte gleichwohl darauf achten, dass er vor allem Eiweiß, Eisen und Kalzium aus anderen Quellen bezieht. Gute Eiweißlieferanten sind beispielsweise Hülsenfrüchte und Sojaprodukte. Quinoa, Amaranth und Chia-Samen, Hirse, Kamut und Dinkel bieten durch ihren hohen pflanzlichen Eiweißgehalt eine gute Alternative zu Fleisch- und Milchprodukten.

Urweizen wie Kamut eignet sich übrigens gut für den ökologischen Anbau, da er auch ohne Kunstdünger und Pestizide eine reiche Ernte verheißt. In vielen Nüssen und Samen, Getreiden und Hülsenfrüchten ist zudem reichlich Eisen enthalten. Auch mit Amaranth und Quinoa können Sie Ihre Eisenspeicher bestens auffüllen. Viel Kalzium steckt beispielsweise in Brokkoli, Chinakohl und Grünkohl. Empfehlenswert sind auch kalziumreiche Mineralwasser und Sojadrinks, die mit Kalzium angereichert sind. Auf diese Weise muss keiner auf wichtige Nährstoffe verzichten.

## PFLANZLICHE ALTERNATIVEN ZU FLEISCH

Es gibt eine Vielzahl an pflanzlichen Alternativen zu Fleisch, Tofu und Soja sind die bekanntesten. Darüber hinaus können Sie Tempeh probieren, ein traditionelles indonesisches Lebensmittel, das aus fermentierten Sojabohnen hergestellt wird. Auch Seitan ist seit einigen Jahren im Kommen. Das Weizeneiweiß wird im asiatischen Raum seit Jahrtausenden verwendet und bereichert den Speiseplan ungemein. Als Fleischersatz der Zukunft gilt die Lupine. Sie ist ebenso wie die Sojabohne eine eiweißreiche Hülsenfrucht und lässt sich in vielen Rezepten kreativ verarbeiten. Weitere tolle Alternativen sind Grünkern, Kichererbsen und schwarze Bohnen. Auch Menschen mit bestimmten Nahrungsmittelunverträglichkeiten oder Allergien finden hier diverse Auswahlmöglichkeiten. Die meisten Fleisch- und Wurstalternativen sind vegan, manchen Produkten werden aber auch Milch und Eier zugefügt.

## INFO

Das Forscherteam des Projektes „Lebensmittelzutaten aus Lupinen – Beitrag zu ausgewogener Ernährung und verbesserter Proteinversorgung" wurde am 19. November 2014 in Berlin mit dem *Deutschen Zukunftspreis 2014* ausgezeichnet, dem Preis des Bundespräsidenten für Technik und Innovation. Die Forscher schufen ein Verfahren, mit dem sich aus den Samen von Lupinen schmackhafte Fleisch- und Milchersatzprodukte herstellen lassen.

## PFLANZLICHE ALTERNATIVEN ZU FISCH

Fisch ist zwar gesund, doch wegen der Überfischung der Meere suchen manche zu Recht nach Fischalternativen. Und die wertvollen Omega-3-Fettsäuren, die im Fisch enthalten sind, können auch mit pflanzlichen Lebensmitteln aufgenommen werden. Wenn Sie etwa zwei Esslöffel Leinöl, beispielsweise am Salat, zu sich nehmen, decken Sie bereits den täglichen Bedarf. Auch in Raps-, Walnuss- und Hanföl sind Omega-3-Fettsäuren enthalten. Möchten Sie aus ökologischen oder ethischen Gründen keinen Fisch verzehren, stehen Ihnen heute weitere pflanzliche Alternativen zur Verfügung. Sie sind lecker, gesund und machen Lust auf kreatives Kochen. Denken Sie nur an Algen, die Ihnen dazu noch wertvolle Mineralstoffe liefern. Zudem finden Sie in vielen Supermärkten, Bio-Märkten und Reformhäusern vegane Fischfilets und Fischstäbchen und sogar vegane Scampi. Letztere werden auf der Basis von Yamswurzelpulver hergestellt und eignen sich besonders für Gemüsepfannen oder als Einlage für eine köstliche Knoblauchsoße.

## WENN ES DOCH SEIN MUSS: FISCH AUS NACHHALTIGER FISCHEREI

Falls Sie dennoch einmal Lust auf „richtigen" Fisch bekommen,
sollten Sie natürlich beim Einkauf die richtige Wahl treffen: Für
Fisch aus nachhaltiger Aufzucht sind die Siegel von Bioland und
Naturland von Belang sowie vom ASC (Aquaculture Stewardship
Council) bei Verwendung gentechnikfreier Futtermittel. Bei Wildfisch können Sie sich nach dem MSC-Siegel für nachhaltige Fischerei richten.

Immer mehr Supermärkte lassen sich heute in puncto Fischeinkauf
vom WWF beraten und haben einen Teil ihres Fischsortiments auf
Nachhaltigkeit umgestellt. Und vom Aussterben bedrohte Fisch-
arten wie Aal, Rochen und Wildstör wurden bereits an vielen La-
dentheken ganz aus dem Sortiment genommen. Das zeigt klar, wie
groß die Macht der Verbraucher ist. Fragen Sie also gezielt nach
Fisch aus nachhaltigen Quellen und kaufen Sie nur diesen ein.

## PFLANZLICHE ALTERNATIVEN ZU MILCHPRODUKTEN

Kuhmilch hatte lange Zeit ein gesundes Image, ist in den letzten
Jahren jedoch umstritten – nicht zuletzt aufgrund ihres Laktose-
gehaltes. Statt Kuhmilch können Sie zu Mandel-, Kokosnuss-,
Reis- oder Hanfmilch greifen; auch Soja- und Haselnussmilch
schmecken lecker. Milchfreie Käsealternativen werden ebenfalls
immer beliebter und sind in vielen Geschmacksrichtungen in den
Supermarktregalen zu finden. Dabei geht es nicht nur um gesundheitliche Vorteile, sondern auch um eine bessere Klimabilanz
gegenüber tierischen Produkten. Käsesorten ohne tierische Inhaltsstoffe dienen als Käseersatz bei Pizza, Lasagne und Aufläufen oder
sind als veganer Schnittkäse erhältlich. Sie finden sie unter anderem unter den Bezeichnungen Pizzaschmelz, veganer Frischkäse,
veganer Mozzarella oder als Grillkäse. Sie bestehen beispielsweise
aus Hefeflocken, Kokosöl, Kartoffelstärke oder werden auf der
Basis von Soja oder Nüssen hergestellt.

## UND WIE SIEHT ES MIT DEM TIERSCHUTZ AUS?

Wer auf Fleisch verzichtet und stattdessen Fleischersatzprodukte
wählt, hat häufig den Tierschutzgedanken im Hinterkopf. Doch
ganz so einfach ist es nicht. Denn für viele Fleischersatzprodukte
wird beispielsweise Hühnereiweiß verwendet. Da davon riesige

Mengen benötigt werden, stammt es zumeist von Hühnern aus Bodenhaltung, bei denen kein Auslauf im Freien vorgeschrieben ist. Nebenbei: Auch Freilandhühner laufen zum Großteil nicht im Freien herum. Bereits 2004 ergab eine Studie der Bayerischen Landesanstalt für Landwirtschaft, dass nur 5,4 Prozent der Legehennen in Großställen den Auslauf nutzen können.[36] Fleischersatzprodukte müssen also aus Tierschutzsicht noch lange nicht einwandfrei sein.

## GANZ ODER GAR NICHT?

Wenn Sie Ihre Ernährung auf vegetarisch oder vegan umstellen wollen, werden Sie feststellen, dass das nicht immer einfach ist. Ihr Umfeld wird darüber vielleicht nicht begeistert sein und wahrscheinlich brauchen Sie von nun an mehr Zeit bei der Auswahl der Produkte und Informationen über diese. Doch hierbei handelt es sich um Anfangsschwierigkeiten, die sich leicht überwinden lassen. Sie werden sehen!

Ohnehin muss nicht jeder gleich seine Ernährungsgewohnheiten komplett umstellen – vom Konsum tierischer Lebensmittel zu einer rein pflanzenbasierten Ernährung. Die Frage ist nicht, ob ganz oder gar nicht. Der eine ernährt sich vielleicht nur noch von Rohkost, der andere wird Vegetarier, während der nächste seine ersten Schritte als Flexitarier macht. Und jeder trägt auf seine Weise dazu bei, die Welt ein Stückchen besser zu machen. Wichtig ist doch, dass man überhaupt etwas ändert. Dass man an seine Gesundheit denkt, dass man der industriellen Fleischproduktion den Rücken kehrt, Ressourcenverschwendung nicht mehr mittragen will und nicht zuletzt das Tierleid beenden möchte.

## 3.3 BIO – EINE BESONDERE QUALITÄT

*Nicht nur Naturkost- und Bio-Läden, sondern auch Supermärkte bieten eine wachsende Palette an Bio-Lebensmitteln an. Und trotz aller Skandale um Betrugsfälle bei der Kennzeichnung: Bio-Produkte sind umwelt- und klimafreundlicher.*

Bei ökologischer Landwirtschaft entstehen weniger Treibhausgase als bei konventionellem Anbau, da auf energieintensiv hergestellte Kunstdünger und synthetische Pflanzenschutzmittel verzichtet wird. Ein Verzicht auf chemischen Pflanzenschutz gegen Schädlingsbefall bewirkt außerdem, dass Grund und Boden nicht belastet werden. Durch die Verwendung von organischem Dünger hingegen wird nicht nur das Grundwasser, sondern auch die Artenvielfalt geschützt. Gelangt zu viel Nitrat in den Boden, kann das natürliche Gleichgewicht beeinträchtigt werden. Wichtige Bodenlebewesen wie beispielsweise Regenwürmer können im sauren Boden nicht überleben. Siedeln sich mehr stickstoffliebende Pflanzen an, werden andere verdrängt. Damit verschwinden auch viele Tierarten.

Feldfrüchte so weit das Auge reicht. Ob es sich hierbei um ökologische Landwirtschaft handelt, lässt sich auf den ersten Blick nicht erkennen. Dazu müssen Siegel am Endprodukt Auskunft geben.

Weitere Vorzüge einer ökologischen Landwirtschaft sind: Die Anwendung von Gentechnik ist verboten. Und Tiere bekommen keine Antibiotika oder Wachstumshormone gespritzt. Zudem erhalten sie mehr Auslauf – Stichwort: artgerechte Tierhaltung – und umweltschonend verarbeitetes Futter. Die Erträge sind allerdings niedriger und das schlägt sich auch im Preis nieder. In der Regel sind Produkte aus ökologischer Landwirtschaft teurer. Doch wollen wir wirklich billige Lebensmittel um jeden Preis?

## WIE ERKENNT MAN BIOLOGISCH ERZEUGTE PRODUKTE?

Um dem Verbraucher im Dschungel unterschiedlicher Öko-Kennzeichen die Übersicht zu erleichtern, wurde 2001 in Deutschland das sechseckige staatliche Bio-Siegel eingeführt. Damit dürfen Produkte gekennzeichnet werden, die gemäß den EU-Rechtsvorschriften für ökologischen Landbau hergestellt und kontrolliert werden. Diese schreiben unter anderem vor, dass Lebensmittel, die aus mehreren Zutaten bestehen, zu mindestens 95 Prozent ökologischem Landbau entstammen müssen. Ein fünfprozentiger Anteil von Zutaten aus konventioneller Zucht ist nur gestattet, wenn sie in biologischer Qualität nicht verfügbar sind. Mehr dazu unter oeko-landbau.de/bio-siegel/.

Seit 1. Juli 2012 ist ein einheitliches europäisches Kennzeichen, das EU-Bio-Logo, verpflichtend auf Bio-Lebensmitteln zu finden, die in der EU produziert oder vorverpackt wurden. Das deutsche Bio-Siegel kann zusätzlich auf den Produkten angebracht werden. Manche Unternehmen oder Verbände führen zudem Bio-Eigenmarken, die ebenso den europäischen Anforderungen zu entsprechen haben und zum Teil noch strengere Standards setzen.

Aufpassen sollten Sie bei folgenden Formulierungen! Steht auf dem Produkt beispielsweise „aus kontrolliertem Anbau" oder „aus integrierter Landwirtschaft", hat das mit „echten" Bio-Produkten nichts zu tun. Begriffe wie biologisch, ökologisch, aus biologischem Anbau etc. dürfen als Bezeichnung genutzt werden, wenn die Richtlinien der EU eingehalten werden.

## WIE IST DAS BEIM KAUF VON EIERN?

Im Handel werden nur Eier der Güteklasse A, meist in den Gewichtsklassen M und L, angeboten. Achten Sie beim Kauf auf den Stempel, der auf jedem Ei aufgedruckt ist. Das ist der sogenannte Erzeugercode, mit dem jedes Ei in der EU gekennzeichnet werden muss. Aus diesem geht die Art der Legehennenhaltung hervor. An der ersten Ziffer des Stempels erkennen Sie, aus welcher Haltungsform das Ei stammt.

0 = Ökologische Erzeugung/Bio-Haltung
1 = Freilandhaltung
2 = Bodenhaltung
3 = Kleingruppenhaltung/Käfighaltung

Bio-Eier erkennen Sie also nicht nur an Hinweisen wie „aus ökologischer Erzeugung", sondern auch an der ersten Ziffer 0 auf dem Stempel. Sehen Sie das Zeichen von Anbauverbänden wie Bioland, Naturland oder Demeter, können Sie sicher sein, dass neben den Richtlinien der EG-Öko-Verordnung auch die oft noch strengeren Vorschriften der Verbände eingehalten werden. Bilder von glücklichen Hühnern auf der Verpackung oder die Bezeichnung „aus kontrolliertem Anbau" sind hingegen keine Garantie für echte Bio-Eier. Kaufen können Sie solche übrigens nicht nur in Läden, sondern auch auf Wochenmärkten oder direkt im Hofladen beim Erzeuger.

**INFO**

Ende des Jahres 2014 wirtschafteten in Deutschland *23 398* landwirtschaftliche Betriebe auf 1 047 633 Hektar Fläche nach den EU-Rechtsvorschriften für ökologischen Landbau. Die meisten landwirtschaftlichen Öko-Betriebe in Deutschland sind in Verbänden organisiert.

## GIBT ES BIO-WEIN?

Seit dem 1. August 2012 wurde die innerhalb der EU gültige Verordnung (EG) Nr. 889/2008 um Regelungen zur Weinbereitung ergänzt. Für die Kennzeichnung von Bio-Wein gilt seitdem: Wird der Wein seit dem 1. August 2012 nach den neuen Vorschriften hergestellt, darf er als ökologischer/biologischer Wein bezeichnet und muss mit dem EU-Bio-Logo gekennzeichnet werden. Nicht mehr zulässig ist der Hinweis „Wein aus Trauben aus ökologischem Anbau". Das gilt allerdings nicht für Weinbestände, die vor diesem Datum produziert wurden.

# NOCH BESSER! REGIONALE PRODUKTE AUS BIOLOGISCHEM ANBAU

Regionale Lebensmittel haben besondere Vorzüge: kurze Transportwege und die Unterstützung von lokalen Erzeugern. Das gilt natürlich nicht nur, aber in besonderem Maße für regionale Produkte aus ökologischem Anbau. Umgekehrt steht fest: Bio-Produkte werden zwar umweltschonend erzeugt. Doch eine klimaschonende Wirkung ist mit ihrem Kauf nur dann verbunden, wenn sie nicht erst nach einem langen Transport im Ladenregal landen. Durch Verbrauch von Treib- und Schmierstoffen trägt der Warentransport zu hohen Freisetzungen von Klimagasen bei, insbesondere von $CO_2$. Der Transport im Flugzeug belastet die Klimabilanz übrigens deutlich mehr als Gütertransporte mit dem Schiff oder der Bahn. Somit stellt sich die Frage: Ist eine Bio-Gurke, die um die halbe Welt gereist ist und aus einem Wüstenland mit Wasserknappheit stammt, wirklich als ökologisch zu bezeichnen? Oder sollte man nicht lieber zu einer regional erzeugten Gurke greifen, die zudem das Bio-Siegel trägt?

Die Nachfrage nach Produkten aus der Region jedenfalls steigt. Immer mehr Menschen möchten aus Gründen des Klimaschutzes genau wissen, wo ihre Lebensmittel herkommen, und sie möchten mit dem Kauf lokaler Produkte gezielt heimische Betriebe unterstützen. Neben Markennamen, die auf Städte oder Regionen hinweisen, gibt es die EU-Gütezeichen „g.U." (geschützte Ursprungsbezeichnung), „g.g.A." (geschützte geografische Angabe) und „g.t.S." (garantiert traditionelle Spezialität) oder Siegel von Regionalinitiativen. Doch oft wird beispielsweise bei Produkten wie Brot oder Wurst der Name regionaltypischer Rezepte verwendet, ohne dass die verarbeiteten Zutaten aus der genannten Region stammen. Es ist also nicht immer einfach, sich im Dschungel all der verwirrenden Bezeichnungen zurechtzufinden.

Was Ihnen bei vielen Lebensmitteln helfen kann, ist das Regionalfenster. Es wurde durch das Bundesministerium für Ernährung, Landwirtschaft und Verbraucherschutz veranlasst und enthält ein Informationsfeld, durch das Konsumenten mühelos erkennen, wo die Zutaten herkommen und wo sie verarbeitet worden sind. Mehr Informationen dazu erhalten Sie auf: regionalfenster.de.

Produkte, die nach ökologischen Kriterien erzeugt werden und einer bestimmten Herkunft von der Erzeugung über die Verarbeitung bis zur Ladentheke lückenlos zuzuordnen sind, können sogar das sechseckige Bio-Siegel mit entsprechender Herkunftsangabe erhalten. Das wird durch die Öko-Kennzeichenverordnung ermöglicht.

Als erstes Bundesland schuf Bayern ein eigenes Bio-Siegel. Damit erkennen Sie auf einen Blick Produkte in hochwertiger Bio-Qualität in Verbindung mit der Herkunft der Rohstoffe. Das Bayerische Bio-Siegel orientiert sich an den hohen Standards der Öko-Anbauverbände in Bayern und geht deutlich über die bestehenden gesetzlichen Vorgaben hinaus. Verliehen wird es für die einzelnen Betriebe vom Bayerischen Staatsministerium für Ernährung, Landwirtschaft und Forsten. Im Anhang finden Sie eine Liste mit wichtigen Siegeln, damit Sie sich zukünftig im Dschungel der Kennzeichnungen und Logos besser zurechtfinden können.

Regionalität hat übrigens nicht immer etwas mit Grenzen zu tun. So kann ein Käse aus Frankreich in Baden-Württemberg durchaus „regionaler" sein als ein bayrischer Käse in der Hauptstadt Berlin. Dass natürlich Spargel aus Griechenland oder Kartoffeln aus Nordafrika, was die $CO_2$-Bilanz angeht, nicht mit heimischen Produkten konkurrieren können, ist klar. Das liegt schon alleine am längeren Transportweg der Waren. Am besten kauft man also Produkte aus der Region, noch besser aus biologischer Erzeugung. Dass außerdem der Aspekt der Saisonalität beim Kauf nachhaltiger Lebensmittel eine wichtige Rolle spielt, zeigt das nächste Kapitel 3.4.

## INFO

Laut einer Umfrage des Bundesministeriums für Ernährung und Landwirtschaft (BMELV) kaufen mehr als *90 Prozent* der Menschen auch deshalb Bio-Produkte, weil sie damit regionale Betriebe unterstützen wollen.[37] Diese Menschen wissen: Bio ist gut, doch am besten ist es aus regionalen Bezugsquellen.

## BESSER NICHT! GENTECHNISCH VERÄNDERTE LEBENSMITTEL

Wer Bio-Produkte kauft, kann sicher sein, dass diese ohne Gentechnik hergestellt wurden. Der ökologische Landbau und die Bio-Industrie verpflichten sich dazu nach EG-Öko-Verordnung. Im Zusammenhang mit gentechnisch veränderten Lebensmitteln werden hauptsächlich Gesundheitsrisiken wie Allergien oder Antibiotikaresistenzen diskutiert. Wie der Verzehr von gentechnisch veränderten Pflanzen langfristig auf unsere Gesundheit wirkt, weiß bis heute niemand. Auch ökologischer Landbau ist oftmals in eine Umgebung eingebunden, die auch konventionellen Anbau umschließt. Das heißt, dass eine Verunreinigung mit genmanipulierten Organismen, etwa durch Pollenflug von Nachbarfeldern, nicht zu 100 Prozent ausgeschlossen werden kann.

Zu den derzeit weltweit verbreitetsten gentechnisch veränderten Pflanzen gehören Mais, Sojabohne, Baumwolle und Raps. Viele dieser Pflanzen werden als Futtermittel verwendet. Kennzeichnungspflichtig sind alle Lebensmittel, Zutaten und Zusatzstoffe, die aus einem gentechnisch veränderten Organismus (GVO) hergestellt sind oder die selbst ein GVO sind oder GVO enthalten. In diesen Fällen muss folgende Angabe erfolgen: „genetisch verändert" oder „aus genetisch verändertem [Bezeichnung des GVO] hergestellt".

Noch gibt es allerdings Lücken bei der Kennzeichnungspflicht. So sind beispielsweise Lebensmittel und Zutaten, die indirekt mittels gentechnisch veränderter Organismen erzeugt werden, nicht kennzeichnungspflichtig. Beispiel: Fleisch, Milch oder Eier von Tieren, an die Futtermittel aus gentechnisch veränderten Pflanzen verfüttert wurden. Zwar sind die Futtermittel selbst zu kennzeichnen, aber nicht die mit den Futtermitteln hergestellten Lebensmittel. Hier besteht dringender Handlungsbedarf!

Deutschland und die EU importieren pro Jahr rund 35 Millionen Tonnen zum größten Teil gentechnisch veränderte Sojabohnen aus Nord- und Südamerika.[38] Zwar heißt es nach dem heutigen Stand der Forschung, dass sich gentechnisch veränderte Futtermittel nicht nachteilig auf Fleisch, Milch oder Eier der Tiere auswirken, und es wird als unwahrscheinlich eingeschätzt, dass gentechnisch veränderte Futterbestandteile wie DNA oder Proteine dazu führen, dass Allergien ausgelöst oder Antibiotikaresistenzen übertragen werden können. Doch es gibt bisher keine Langzeitstudien zu diesem Thema.

Für mehr Transparenz beim Einkauf von Lebensmitteln wurde 2008 eine freiwillige Kennzeichnung von Lebensmitteln ohne Gentechnik in Deutschland eingeführt. So erkennen Sie auf einen Blick, dass Eier, Milchprodukte und Fleisch von Tieren stammen, die kein gentechnisch verändertes Futter erhalten haben. Das Siegel wird vom Verband „Lebensmittel ohne Gentechnik e.V., (VLOG)" vergeben. In der Produktdatenbank der Webseite ohne-gentechnik.org sind alle Unternehmen aufgelistet, die das „Ohne Gentechnik"-Siegel verwenden dürfen. Gleichzeitig können Sie die Marke, das Produkt und die Produktgruppe daraus ersehen. Somit haben Sie mehr Sicherheit beim Einkauf, wenn Sie Erzeugnisse mit diesem Siegel kaufen.

## ALLES BESSER? BIO-LANDWIRTSCHAFT UND ARTGERECHTE TIERHALTUNG

Die Kriterien des ökologischen Landbaus in Deutschland umfassen unter anderem eine artgerechte Tierhaltung mit ausreichend Auslauf und Platz, Belüftung und Licht sowie die Verwendung von gentechnikfreien Futtermitteln. Strenge Regelungen gelten zudem für die Anwendung von Medikamenten. Der Einsatz wachstumsfördernder Stoffe ist verboten. Für die Behandlung von Krankheiten dürfen pflanzliche oder homöopathische Arzneimittel verwendet werden. Auch beim Einsatz von Antibiotika gelten strenge Richtlinien.

Doch machen wir uns nichts vor: Zwar ist Bio in der Tat tier- und umweltfreundlicher und man darf davon ausgehen, dass die genannten Richtlinien ausreichend kontrolliert werden. Doch die Illusion von glücklichen Hühnern und Kühen lässt sich auch im Falle von Bio-Produkten nicht immer aufrechterhalten. Zu oft lesen wir von Skandalen in der Tierhaltung, die auch in der vermeintlich heilen Bio-Welt vorkommen.

Nach EG-Öko-Verordnung teilen sich übrigens sechs Legehennen einen Quadratmeter begehbare Fläche im Stallraum – geräumig ist das nicht. Und auch in Bio-Betrieben werden männliche Küken getötet. Ebenso werden männliche Ferkel im Alter von wenigen Tagen ohne Betäubung und Schmerzmittel kastriert. Wenn Sie sich für artgerechte Tierhaltung einsetzen möchten, schauen Sie also hin und fragen Sie nach! So setzen manche Anbauverbände in puncto Tierhaltung auf striktere Vorgaben für landwirtschaftliche Betriebe.

## 3.4 SAISONKALENDER FÜR OBST UND GEMÜSE

*Die meisten Obst-und Gemüsearten werden heute das ganze Jahr über angeboten. Viele Supermärkte haben selbst dann importiertes Obst und Gemüse im Sortiment, wenn dieses auch bei uns wächst. Unglaublich, aber wahr!*

Ob sich in diesen Containern Obst und Gemüse aus fernen Ländern befinden? Gut möglich. Aber kaufen muss man es deshalb noch lange nicht.

So können Sie mittlerweile Erdbeeren aus Spanien oder Marokko, Weintrauben aus Südafrika oder Spargel aus Peru fast das ganze Jahr hindurch kaufen. Auf ihren weiten Transportwegen verbrauchen diese Produkte eine Menge Energie und belasten das Klima durch freigesetzte Treibhausgase. Dies gilt insbesondere bei Flugzeugtransporten. Doch auch heimische Produkte können belastend für Umwelt und Klima sein, wenn sie zum Beispiel außerhalb der Saison in beheizten Gewächshäusern wachsen. Das gilt beispielsweise für den Anbau von Tomaten im Winter oder Frühjahr, bei dem ein Hundertfaches an Treibhausgasen freigesetzt wird als bei saisonalen Freilandtomaten.

Dennoch sollten Sie regionales Obst und Gemüse bevorzugen (siehe Kapitel 3.3). Wichtig ist, dass die jeweiligen Sorten auch Saison haben. Wenn die Produkte zusätzlich aus biologischem Anbau stammen, haben Sie in puncto Umwelt- und Klimaschutz bereits einen großen Schritt getan.

# WIE ERKENNE ICH SAISONALES OBST UND GEMÜSE?

Ob Gemüse aus dem Freiland oder aus Gewächshäusern stammt, wird oft nicht ausgezeichnet. Allerdings wird das Herkunftsland bei den meisten Obst-und Gemüsesorten angegeben. So können Sie auch bei Produkten aus konventionellem Anbau erkennen, wo die Lebensmittel herkommen, und können allzu weit gereiste Produkte vermeiden. Um zu wissen, wann ein bestimmtes Obst oder Gemüse Saison hat, schauen Sie einfach in einen Saisonkalender. So sehen Sie auf einen Blick, wann heimische Produkte im Freiland angebaut werden können – oder ob sie eher aus dem Gewächshaus stammen.

Zur schnelleren Unterscheidung sind die Symbole der Saisonkalender dieses Buches farbig gestaltet: Gelb steht für einen mittleren und Grün für einen sehr geringen Energieverbrauch beim Anbau der verschiedenen Sorten. Kaufen Sie heimisches Obst und Gemüse immer dann, wenn es Saison hat: Denn so schützen Sie nicht nur das Klima, sondern erwerben zudem frische Produkte, die einfach besser schmecken!

## SAISONKALENDER FÜR GEMÜSE

| | Jan | Feb | März | April | Mai | Juni | Juli | Aug | Sep | Okt | Nov | Dez |
|---|---|---|---|---|---|---|---|---|---|---|---|---|
| Blumenkohl | | | | G | F | F | F | F | F | F | | |
| Bohnen | | | | | | F | F | F | F | F | | |
| Brokkoli | | | | | F | F | F | F | F | F | | |
| Chicorée | F | L | L | L | L | L | L | L | L | L | F | F |
| Chinakohl | F | F | | | | | F | F | F | F | F | |
| Erbsen | | | | | | F | F | F | F | | | |
| Fenchel | | | | | | F | F | F | F | F | | |
| Salatgurken | | | | | | F | F | F | F | | | |
| Einlegegurken | | | | | | F | F | F | F | | | |
| Kartoffeln | L | L | L | L | L | F | F | F | F | F | L | L |
| Kohlrabi | | | | F | F | F | F | F | F | F | | |

|  | Jan | Feb | März | April | Mai | Juni | Juli | Aug | Sep | Okt | Nov | Dez |
|---|---|---|---|---|---|---|---|---|---|---|---|---|
| Kürbis | L |  |  |  |  |  |  | F | F | F | F | F |
| Lauch | F | F | F | F |  |  | F | F | F | F | F |  |
| Mangold |  |  |  |  | F | F | F | F | F | F | F |  |
| Möhren | L | L | L | L | L | F | F | F | F | F | L | L |
| Pastinaken | L | L | L |  |  |  |  |  | F | F | F | F |
| Radieschen |  |  |  | F | F | F | F | F | F | F | F |  |
| Rettich |  |  |  |  | F | F | F | F | F | F | L | L |
| Rhabarber |  |  |  | F | F | F |  |  |  |  |  |  |
| Rosenkohl | F | F |  |  |  |  |  |  | F | F | F | F |
| Rote Bete | L | L | L |  |  |  |  | F | F | F | F |  |
| Rotkohl | L | L | L | L |  |  |  | F | F | F | F | L |
| Schwarzwurzel | L | L | L |  |  |  |  |  |  | F | F | L |
| Stangensellerie |  |  |  |  |  | F | F | F | F | F |  |  |
| Spargel |  |  |  |  | F | F |  |  |  |  |  |  |
| Spinat |  |  |  |  | F | F |  |  |  | F | F |  |
| Tomaten |  |  |  |  |  | F | F | F | F |  |  |  |
| Weißkohl | L | L | L | L |  |  |  |  | F | F | F | L |
| Wirsing |  |  |  |  |  |  | F | F | F | F |  |  |
| Wurzelpetersilie | L | L | L |  |  |  |  | F | F | F | F | L |
| Zucchini |  |  |  |  |  | G | F | F | F | F | L | L |
| Zuckermais |  |  |  |  |  |  |  | F | F | F |  |  |
| Zwiebeln | L | L | L | L | L | L | F | F | F | F | L | L |
| Lauchzwiebeln |  |  |  |  | F | F | F | F | F | F | F |  |

F = Freilandprodukte
G = Anbau unter Folie oder Flies
L = Lagerware

## SAISONKALENDER FÜR SALAT

| | Jan | Feb | März | April | Mai | Juni | Juli | Aug | Sep | Okt | Nov | Dez |
|---|---|---|---|---|---|---|---|---|---|---|---|---|
| Eissalat | | | | | G / F | F | F | F | F | F | | |
| Endivien | | | | | G/F | F | F | F | F | F | F | |
| Feldsalat | G | G | G | G | F | F | F | F | F | F | F/G | G |
| Kopfsalat | | | | G | G/F | F | F | F | F | F | | |
| Radicchio | | | | | | F | F | F | F | F | F | |
| Romana | | | | | G/F | F | F | F | F | F | F | |
| Rauke | G | G | G | G | F | F | F | F | F | F | F/G | G |

## SAISONKALENDER FÜR OBST

| | Jan | Feb | März | April | Mai | Juni | Juli | Aug | Sep | Okt | Nov | Dez |
|---|---|---|---|---|---|---|---|---|---|---|---|---|
| Äpfel | L | L | L | L | L | | | F | F | F | L | L |
| Aprikosen | | | | | | | F | F | | | | |
| Birnen | L | | | | | | | F | F | L | L | L |
| Brombeeren | | | | | | | | F | F | F | | |
| Erdbeeren | | | | | G | F | F | F | F | | | |
| Heidelbeeren | | | | | | | F | F | | | | |
| Himbeeren | | | | | | | F | F | | | | |
| Johannisbeeren | | | | | | F | F | F | | | | |
| Kirschen | | | | | | | F | F | | | | |
| Mirabellen | | | | | | | F | F | | | | |
| Pfirsiche | | | | | | | F | F | | | | |
| Pflaumen | | | | | | | | F | F | | | |
| Quitten | | | | | | | | | | F | F | |
| Stachelbeeren | | | | | | | F | F | F | | | |
| Weintrauben | | | | | | | | F | F | F | | |

## GEMÜSE- UND OBSTKISTEN – EINE KOMFORTABLE ALTERNATIVE

Haben Sie keine Zeit zum Vergleichen oder keinen Saisonkalender zur Hand? Mit den praktischen Gemüse- und Obstkisten, die verschiedene Anbieter direkt zu Ihnen bringen, ist der saisonale Einkauf kein Problem mehr. Statt abends in den Supermarkt zu hetzen, bekommen Sie frisches Gemüse und Obst bequem nach Hause geliefert: in regionaler und saisonaler Qualität, oftmals sogar bio. Viele Händler haben das Sortiment noch erweitert und bieten Ihnen neben Obst und Gemüse auch Käse, Brot, Eier und vieles mehr an. Auch bei den Kisten haben Sie die Auswahl: Wählen Sie reine oder gemischte Obst- und Gemüsekisten, Regionalkisten oder genau für Sie passende Single- oder Familienkisten.

In den größeren Städten funktioniert der Bezug bereits reibungslos. Nur in manchen ländlichen Gegenden müssen Sie manchmal länger suchen, bis Sie einen Lieferbetrieb finden. In diesem Fall können Sie aber einfach die örtlichen Erzeuger ansprechen und nach einer Kiste mit frischen Zutaten fragen. Denn häufig bieten diese neben dem Einkauf in ihren Hofläden und dem Angebot auf Wochenmärkten auch die bequeme Lieferung zu Ihnen nach Hause an.

## 3.5 NATURBELASSENE LEBENSMITTEL

*Naturbelassene oder nur gering verarbeitete Lebensmittel sind ein wichtiger Aspekt von nachhaltiger Ernährung. Doch nicht nur die Umwelt, sondern auch Ihre Gesundheit und sogar Ihr Geldbeutel profitieren davon.*

Durch die hohen Anforderungen im Alltag greifen wir aus Zeitgründen oftmals zu stark verarbeiteten Lebensmitteln. Ein Fehler, denn diese sind äußerst energieaufwendig in der Verarbeitung. Und das verursacht natürlich ein deutliches Plus an Treibhausgasen. Greifen Sie im Gegensatz dazu zu gering verarbeiteten oder naturbelassenen Lebensmitteln, betreiben Sie aktiv Klimaschutz. Doch das ist bei Weitem nicht der einzige Vorteil.

Alles andere als gering verarbeitet: Tiefkühlkost

### GUT FÜR SIE

Statt Fette, Zucker, Konservierungsstoffe und Aromen bekommen Sie bei (so weit wie möglich) naturbelassenen Lebensmitteln wichtige Nährstoffe für Ihren Körper: Vitamine, Mineralstoffe, Ballaststoffe und sekundäre Pflanzenstoffe. Denken Sie nur an die industrielle Herstellung von weißem Mehl. Hier werden die vitamin- und mi-

neralstoffreichen Randschichten und der Keimling – der gehalt-
vollste Bestandteil des Korns – weitgehend abgetrennt. Greifen
Sie hingegen zu Vollkornmehl, wird das ganze Korn vermahlen.
Damit bleiben Vitamine und Mineralstoffe
größtenteils erhalten. Zudem enthalten stark
verarbeitete Lebensmittel häufig Farbstoffe,
Konservierungsstoffe und Aromen. Die Folge:
mehr unerwünschte Pfunde auf den Hüften
und immer mehr Nahrungsmittelunverträglichkeiten.

Nebenbei: Gemäß der europaweit einheitlich
geltenden Lebensmittel-Informationsverord-
nung (LMIV) ist ab Dezember 2016 auf allen
verpackten Lebensmitteln eine Nährwert-
kennzeichnung verpflichtend. Außerdem
wurden Inhalt und Darstellungsform der
Nährwerttabelle neu festgelegt. Neben Angaben zum Energiegehalt und zu den Mengen
an Fett, gesättigten Fettsäuren, Kohlenhydra-
ten, Zucker, Eiweiß und Salz müssen Vitamine und andere Nährwerte wie Ballaststoffe in
Prozent angeben werden, wenn sie auf der
Verpackung hervorgehoben werden. Die 14
wichtigsten Stoffe, die Allergien oder Unver-
träglichkeiten auslösen können, müssen im
Zutatenverzeichnis als Allergenkennzeich-
nung aufgeführt werden – und zwar deutlich
erkennbar. Auch bei unverpackter Ware,
beispielsweise an der Bedientheke oder im Restaurant, ist eine
Information über Allergene verpflichtend.

## GUT FÜR DEN GELDBEUTEL

Fertigprodukte sind im Vergleich zu naturbelassenen Lebensmitteln
oft relativ teuer. Das zeigt etwa ein Vergleich der Verbraucherzen-
trale Hamburg, welche die Preise von 14 Lebensmitteln verglich
– jeweils frisch zubereitet und in Form eines Fertigproduktes.[39]
Rechnen Sie dann noch die Folgen für Ihre Gesundheit dazu, wird
schnell klar, dass der Griff nach Fertigprodukten zwar vermeintlich
Zeit spart, doch im Endeffekt unerwünschte Folgen nach sich zieht.
Natürlich müssen Sie jetzt nicht sofort alle Fertigprodukte von Ih-

rem Speiseplan streichen. Doch nach und nach sollten Sie umdenken, wenn Ihnen Klima, Gesundheit und auch Ihre Haushaltskasse am Herzen liegen.

## CLEAN EATING – NATÜRLICH, PUR UND UNBELASTET

Clean Eating – eine Modediät? Mitnichten. Clean Eating, auf Deutsch „sauber essen", ist vielmehr eine ganzheitliche Ernährungsweise, bei der sich alles um eine ausgewogene Ernährung und den bewussten Umgang mit Lebensmitteln dreht. Dabei gilt der Grundsatz: Weg von industriell verarbeiteten, künstlichen Lebensmitteln, hin zu naturbelassener, unverarbeiteter Kost – mit wichtigen Vitaminen, Mineralstoffen und Spurenelementen, die lang anhaltend sättigen und auch ohne Geschmacksverstärker & Co. lecker schmecken. Starre Regeln gibt es beim Clean Eating nicht. Vielleicht leben Sie bereits heute gemäß diesem Prinzip, ohne dass es für Sie einen bestimmten Namen trägt. Und sicher haben Sie dabei gemerkt, wie gut es Ihnen tut.

Oft kommen Fragen auf wie: „Clean Eating, ist das nur vegetarisch?" „Oder ist es bio?" „Und bestimmt ist es doch recht teuer, oder?" Clean Eating ist, was Sie daraus machen. Gestalten Sie Ihre Ernährung vegetarisch, wenn Sie möchten. Zwar liegt ein Hauptaugenmerk auf pflanzlicher Nahrung, aber Sie können auch tierische Produkte mit in Ihren Speiseplan einbauen. Kombinieren Sie möglichst viele Nahrungsmittelgruppen, wenn Sie sich ausgewogen ernähren möchten. Das ist das Schöne an diesem Ernährungsstil – er ist nicht strikt, sondern lässt sich Ihren persönlichen Vorlieben optimal anpassen.

Die Grundprinzipien von Clean Eating lauten:

- Bevorzugen Sie naturbelassene Lebensmittel, hauptsächlich frisches Gemüse und Obst aus möglichst regionaler und saisonaler Produktion, gerne in Bio-Qualität.

- Essen Sie fünf bis sechs kleine Mahlzeiten am Tag anstelle von größeren.

- Kombinieren Sie Proteine, gute Fette und komplexe Kohlenhydrate.

- Frühstücken Sie gut.

- Trinken Sie viel Wasser.

Wenn Sie Bio-Lebensmittel verwenden, ist das natürlich die bessere Wahl. Im Gegensatz zu konventionell angebauten Nahrungsmitteln sind diese zwar etwas teurer, doch wenn Sie dafür weniger Geld für Junkfood oder Süßigkeiten ausgeben, gleichen sich Ihre Kosten vielleicht wieder aus. Sie können ja zum Vergleich einmal ein Haushaltsbuch führen, in dem Sie Ihre Einkäufe notieren. So werden Sie schnell erkennen, ob Clean Eating in Bio-Qualität wirklich so viel teurer ist. Überprüfen Sie dann noch, wie Sie sich mit diesem Ernährungsstil fühlen und ob Sie vielleicht wacher, fitter und konzentrierter sind. Das wäre jedenfalls gut möglich.

Die Auswahl an naturbelassenen Lebensmitteln jedenfalls ist riesengroß, sodass man hier wirklich aus dem Vollen schöpfen kann. Natürlich ist es anfangs ungewohnt, *cleane* Produkte von anderen zu unterscheiden. Doch dafür gibt es einen ganz einfachen Trick! Stellen Sie sich einfach eine Ampel vor. Verbinden Sie Grün mit Gemüse, Obst und Ölen. Bei Gelb denken Sie an Milch, Eier und Fleisch. Und Rot sind alle industriell hergestellten Lebensmittel und Fertiggerichte, Junkfood und Fast Food, Lebensmittel mit Zusatzstoffen, Zucker, Süßigkeiten und Alkohol.

## INFO

Am 4. März 2015 hat die Weltgesundheitsorganisation (WHO) die aktualisierte *Richtlinie zum Zuckerverzehr* veröffentlicht.[40] Dabei wurde die seit 1989 bestehende Empfehlung bestätigt, Zucker auf unter zehn Prozent der Gesamtenergiezufuhr zu beschränken. Weiter wird empfohlen, die Zuckermenge auf möglichst unter fünf Prozent der Gesamtenergiezufuhr oder 25 Gramm, das sind sechs Teelöffel täglich, einzuschränken. So soll das Risiko von Übergewicht, Fettsucht und Karies reduziert werden.

*Grün ist super*

- Gemüse und Obst aus möglichst regionalem und saisonalem Anbau

- Vollkornprodukte und Hülsenfrüchte

- Nüsse, Kerne und Saaten

- native Öle wie Olivenöl, Leinöl, Kokosöl etc.

- Pflanzliche Getränke wie Nussmilch

*Gelb ist ab und an okay*

- Milch und Milchprodukte aus biologischer Erzeugung

- Fleisch, Fisch und Eier aus ökologischer Haltung

- zuckerarme Süßigkeiten

Noch ein paar Worte zu Fleisch, Milch, Eiern & Co.: Grundsätzlich sind Fleisch und Fisch aus artgerechter, ökologischer Tierhaltung oder aus nachhaltigem Fang zwar *clean*, dennoch sollten sie nur maßvoll auf dem Speiseplan stehen. Sie erthalten gesunde Inhaltsstoffe wie Proteine oder Eisen, doch aus ökologischen und auch ethischen Gesichtspunkten sind sie zu wertvoll, um als Massenware konsumiert zu werden. Auch Eier stellen eine ausgezeichnete Proteinquelle dar, ihre Erzeugung geht jedoch häufig mit schlechter Tierhaltung einher. Deshalb bitte nur Eier mit der „0" kaufen und am besten von einem lokalen Bauern, bei dem die männlichen Küken ebenfalls leben dürfen. Milch ist im eigentlichen Sinne nur dann *clean*, wenn es sich um Rohmilch handelt. Hier können Sie ausweichen auf Vorzugsmilch oder Vollmilch aus Bio-Landwirtschaft.

Alle Aspekte von Clean Eating können in diesem Buch nicht angesprochen werden, denn genau genommen ist das Thema ein eigenes Buch wert! Wer sich für diese Ernährungsweise interessiert, findet viele Tipps, Einstiegshilfen und leckere Rezepte im Internet.

## 3.6 LEBENSMITTEL – ZU GUT FÜR DIE TONNE

*Im Schnitt wirft jeder Deutsche 82 Kilogramm Lebensmittel pro Jahr im Wert von rund 250 Euro weg.[41] Jährlich werden somit elf Millionen Tonnen an Nahrung als Abfall entsorgt. Das sind erschreckende Zahlen!*

Schade drum! So viel weggeworfenes Obst und Gemüse, das hätte vermieden werden können.

Meist sind es Obst und Gemüse, gefolgt von Back- und Teigwaren, Milchprodukten, Fleisch und Fisch, die weggeworfen werden. Und häufig sind die Lebensmittel nicht verdorben, sondern erscheinen uns einfach nicht mehr appetitlich genug. Doch welken Salat oder verfaulte Äpfel kann man leicht vermeiden – indem man sie rechtzeitig isst. Zudem werfen wir mit diesen Lebensmitteln bares Geld in die Tonne. Schließlich haben wir für all diese Produkte bezahlt.

### WELCHE FOLGEN HAT DIE LEBENSMITTELVERSCHWENDUNG?

Eine runzelige Möhre, der letzte Rest der Fertigpizza oder ein abgelaufener Joghurt – oft landen diese Dinge im Müll. Doch welche Auswirkungen haben die Berge von Lebensmitteln, die wir jährlich wegwerfen, auf unsere Umwelt? Klar ist: Jedes Nahrungsmittel benötigt für seine Herstellung wertvolle Ressourcen: Ackerboden, Wasser sowie jede Menge Energie für Verarbeitung und Transport. Und die verwendeten Ressourcen werden mit jedem weggeworfenen Produkt ohne Not vergeudet. Wussten Sie, dass es 1000 Liter Wasser bedarf, bis ein Kilogramm Brot entsteht?[42] Für ein Kilogramm Käse braucht es 5000 Liter und für die gleiche Menge an Rindfleisch sogar über 15 000 Liter. Auch beim Abtransport der Lebensmittelreste wird wiederum Energie aufgewendet.

| Wasserverbrauch und $CO_2$-Ausstoß je Kilogramm Lebensmittel | | |
|---|---|---|
| 1 Kilogramm Tomaten | 180 Liter Wasser | 340 Gramm $CO_2$-Äquivalente |
| 1 Kilogramm Äpfel | 700 Liter Wasser | 513 Gramm $CO_2$-Äquivalente |
| 1 Kilogramm Brot | 1000 Liter Wasser | 750 Gramm $CO_2$-Äquivalente |
| 1 Kilogramm Rindfleisch | 15 000 Liter Wasser | 6450 Gramm $CO_2$-Äquivalente |

Quelle[43]

## WAS KANN MAN DAGEGEN TUN?

Bereits beim Einkaufen entscheiden wir uns für oder gegen Lebensmittelverschwendung, meist nicht einmal bewusst. Wer hungrig nach der Arbeit einkaufen geht, kauft meist mehr, als er eigentlich braucht. Deshalb ist es sinnvoll, sich zu Hause einen Überblick zu verschaffen, was fehlt und worauf man tatsächlich Appetit hat. Ein Einkaufszettel erleichtert die Planung. Wer in der Küche einen Wochenplan aufhängt, kann darauf notieren, welche Zutaten für welche Mahlzeit benötigt werden. Frische Ware wie Obst und Gemüse kauft man am besten spontan bei Bedarf. Manche Produkte können einige Tage im Kühlschrank oder in einem kühlen Raum gelagert werden, andere verderben schnell. Bei Angeboten ist Zurückhaltung geboten. Denn der vermeintlich geringe Preis wird schnell zur Falle. So kauft man viel mehr, als man eigentlich nötig hat, und wirft am Ende einiges wieder weg.

Apropos: Nicht immer müssen Lebensmittel, deren Mindesthaltbarkeitsdatum abgelaufen ist, in der Tonne landen. Die Angabe „mindestens haltbar bis" ist eine Empfehlung des Herstellers, das entsprechende Produkt bis dahin aufzubrauchen. Mit Ablauf des Datums ist es also nicht automatisch ungenießbar. Beim Verbrauchsdatum sieht das etwas anders aus. Mit diesem Datum sind beispielsweise Hackfleisch oder frisches Geflügel gekennzeichnet. Ist in diesem Fall das angegebene Datum überschritten, sollte das Produkt nicht mehr verzehrt werden. Solche Ware sollten Sie also nur dann einkaufen, wenn Sie diese bald verzehren möchten.

*Ethen* ist ein chemischer Stoff, der die Reifung fördert. Das meiste Obst und Gemüse enthält Ethen. Werden verschiedene Sorten zusammen gelagert, wird der Reifungsprozess schneller in Gang gesetzt. Das kann zwar wünschenswert sein, ist aber meist nicht gewollt und führt dazu, dass Obst oder Gemüse schneller verdirbt. Am besten bewahrt man deshalb die einzelnen Sorten getrennt auf.

Eine weitere Möglichkeit, das Wegwerfen von Lebensmitteln zu vermeiden, ist, dafür zu sorgen, dass diese länger halten. Obst und Gemüse wird oft in Folien und dicht verschlossenen Verpackungen angeboten, was die Kondensbildung fördert. Dabei entstehen Wassertröpfchen auf der Innenseite der Folie, die dazu führen, dass die Lebensmittel feucht werden und leichter schimmeln oder faulen. Am besten packt man Obst und Gemüse beim Nachhausekommen sofort aus und lagert es entweder im Kühlschrank oder in Gefäßen mit nicht zu dicht schließendem Deckel oder Belüftungslöchern. Das verhindert zum einen das Austrocknen, zum anderen halten die Lebensmittel länger.

## RESTEVERWERTUNG UND WOCHENSPEISEPLAN

Die Königsdisziplin beim Verhindern von Lebensmittelverschwendung ist das Verkochen von Resten. Übrig gebliebene Nudeln, angeschnittenes Gemüse – Reste lassen sich nicht immer vermeiden. Doch warum daraus nicht ein leckeres Gericht zaubern? Übrigens: Reste lassen sich meist ganz einfach aufbewahren. Manches hält sich gut verschlossen in Dosen im Kühlschrank, anderes lässt sich einfrieren. Suppen sind dafür hervorragend geeignet. Nicht nur für Singles ist das von Vorteil, sondern auch für Familien, in denen gerne jeder andere Essenswünsche hat. Einfach einmal mehr kochen, als gebraucht wird, und nachher die Reste portionsweise einfrieren. So ist immer Vorrat im Haus.

Wer gerne im Voraus kocht, findet vielleicht Gefallen an diesem Tipp: Am besten stellen Sie einen Wochenspeiseplan auf, in dem

Sie festgelegt, was in der nächsten Woche gekocht wird. Besonders praktisch ist es, wenn einige Rezepte die gleichen Zutaten haben. So wird erstens nur das eingekauft, was benötigt wird, und zweitens können die Reste vom Vortag genutzt werden. Das spart Zeit und Geld und schmeckt auch noch hervorragend. Aus Lachs können Sie beispielsweise eine Lachspfanne aus dem Ofen und anschließend Fischfrikadellen oder einen Lachssalat zubereiten. Immer wieder anders und immer wieder lecker. Viele passende Rezeptideen finden Sie im Internet oder kaufen Sie sich eines der tollen Kochbücher, die Resteverwertung zum Thema haben.

Ein Tiefkühlschrank oder die Kühltruhe eignen sich übrigens ausgezeichnet, um vorbereitete Zutaten oder Essensreste aufzubewahren. Doch oft wird schnell etwas hineingelegt und dann vergessen. Hier kann es hilfreich sein, neben die Gefrierschranktür ein paar Klebezettel zu legen. Darauf werden Datum und Inhalt des „Neuzugangs" notiert, sodass man beim Blick in den Tiefkühler sofort weiß, was noch vorhanden ist. Praktisch ist es auch, eine Liste an die Kühltruhe zu kleben, die immer aktuell gehalten wird. Gerade dann, wenn es schnell gehen muss, hat man so einen prima Überblick.

Das Bundesministerium für Ernährung und Landwirtschaft verlieh 2016 zum ersten Mal den „Zu gut für die Tonne!"-Bundespreis. Die zahlreichen Bewerbungen haben gezeigt, dass immer mehr Menschen der sinnvolle Umgang mit Lebensmitteln am Herzen liegt. Auch im nächsten Jahr soll der Preis wieder verliehen werden – machen Sie mit?

# NACHHALTIGE BEKLEIDUNG UND KOSMETIK

## 4.1 WAS SIND NACHHALTIGE TEXTILIEN?

*Wer ökologisch und sozialverträglich produzierte Kleidung kaufen will, hat es nicht leicht. Denn die Orientierung beim Kauf nachhaltiger Textilien ist alles andere als einfach. Zwar gibt es Nachhaltigkeitssiegel, doch diese sind nicht überall auf den Kleidungsstücken zu finden.*

Ökologisch einwandfrei und fair hergestellt, ohne Einsatz von Pestiziden und ohne unmenschliche Arbeitsbedingungen in den Nähfabriken – das zeichnet nachhaltige Bekleidung aus. Doch die textile Produktionskette ist lang: Sie reicht von der Rohfaser-Herstellung über die Verarbeitung bis hin zum fertigen Produkt. Beim Anbau von Baumwolle werden Unmengen von Wasser und viel Anbauflä-

Klar, es gibt Unmengen von Kleidung zu kaufen. Aus nachhaltiger Fabrikation stammt allerdings nur ein Bruchteil davon.

che verbraucht, deshalb geht die Mode der Zukunft andere Wege. Denn selbst der Baumwollanbau nach ökologischen Kriterien weist einige Nachteile auf. Auch hier werden Böden benötigt, viel Wasser und ganzjährig warme Temperaturen.

Ein Anbau in Ländern wie Deutschland ist aus diesem Grund nicht möglich. Eine gute Alternative sind dafür Textilien aus Bio-Hanf oder Bio-Leinen. Hanf und Leinen sind robuste Pflanzen, denen magere Böden, wenig Wasser und die heimischen Klimabedingungen ausreichen. Kunstfasern wie Polyamid, Polyacryl, Polyester oder Elasthan sind keine Alternative zu Baumwolle. Sie werden auf der Basis von Erdöl hergestellt, das immer knapper und teurer wird und biologisch nicht abbaubar ist. Deshalb sind Naturfasern aus nachwachsenden Rohstoffen wie Algen, Bananen und Bambus gefragt.

## WIE ERKENNE ICH NACHHALTIGE BEKLEIDUNG?

Grundsätzlich gilt: Nachhaltige Kleidung enthält keine gefährlichen Chemikalien und die Arbeiterinnen und Arbeiter werden fair entlohnt. Achten Sie daher beim Kauf von „grüner Mode" auf Gütesiegel, welche die Einhaltung ökologischer und sozialer Standards bestätigen.

**INFO**

Am 16. Oktober 2014 wurde das *Bündnis für nachhaltige Textilien* offiziell gegründet. Im August 2015 waren bereits mehr als 140 Unternehmen und Organisationen Mitglied des Textilbündnisses. Ziel ist es, die Textilproduktionskette im Hinblick auf ökologische, soziale und ökonomische Nachhaltigkeit zu verbessern. Mehr Informationen über Ziele, Strategien, Mitglieder etc. erhalten Sie auf textilbuendnis. com.

Für Kunstfasern gibt es leider noch kein einheitliches staatliches Bio-Siegel – ganz im Gegensatz zu Naturfasern. Die Bezeichnungen „Bio", „Öko" und „aus kontrolliert biologischem Anbau" sind auch bei den landwirtschaftlichen Rohstoffen für Textilien, ebenso wie bei Lebensmitteln, rechtlich geschützt. Bio-Baumwolle, Bio-Hanf oder Bio-Schafwolle werden nur dann mit dem Bio-Siegel ausgezeichnet, wenn die Richtlinien des ökologischen Landbaus beim Anbau der Faser eingehalten werden. Über die Weiterverarbeitung bis hin zum fertigen Kleidungsstück sagt das allerdings nichts aus. Auch beinhaltet das Bio-Zertifikat keine eigenen sozialen Standards.

Es ist daher immens wichtig, die komplette Lieferkette transparent zu machen. Ein wichtiger Schritt dazu ist das Textilbündnis, das dafür sorgen soll, die Erkennbarkeit von nachhaltiger Bekleidung für den Käufer zu verbessern. Ein Angebot, das auf Nachfrage stoßen sollte: Denn Umfragen belegen, dass viele Menschen in Deutschland bereit sind, nachhaltige Kleidung für einen fairen Preis zu erwerben.[44]

## VERANTWORTUNGSVOLLER KLEIDERKAUF – WIE SOLL ICH VORGEHEN?

- Achten Sie beim Einkauf darauf, dass das Produkt aus Rohstoffen aus ökologischem Anbau wie Bio-Baumwolle, Bio-Hanf oder Bio-Leinen besteht.

- Kaufen Sie in Geschäften, Versandhäusern oder über Internetportale ein, die sich auf ökologisch und fair gehandelte Kleidung spezialisiert haben.

- Entscheiden Sie sich für weniger, dafür aber hochwertige Kleidung mit guter Verarbeitung und langlebigem Design.

- Nutzen Sie Secondhand-Angebote.

- Informieren Sie sich auf textilklarheit.de über die verschiedenen Siegel und ihre Standards.

- Fragen Sie bei Unternehmen nach, wie ihre Kleidung produziert wird.

## 4.2 BIO-BAUMWOLLE – GUT FÜR HAUT UND UMWELT

*Baumwolle ist die mit Abstand am häufigsten verwendete Naturfaser für Kleidungsstücke. Doch die Herstellung von Bekleidung aus Baumwolle ist mit erheblichen Umweltbelastungen verbunden. Der Einsatz von Chemikalien im Herstellungsprozess ist zudem gesundheitsschädlich. Zeit umzudenken!*

Baumwollpflanze, hübsch anzusehen, keine Frage! Um daraus Textilien zu fertigen, werden jedoch Umweltschäden in Kauf genommen.

Bis aus einer Baumwollfaser ein Kleidungsstück wird, durchläuft der Rohstoff verschiedene Verarbeitungs- und Veredelungsschritte. Rohbaumwolle weist beim Anbau einen sehr hohen Wasserbedarf auf und auch bei der weiteren Verarbeitung werden große Mengen an Wasser benötigt. Zudem werden beim Anbau konventioneller Baumwolle Pflanzenschutz- und Düngemittel verwendet. Baumwollfarmer gehören zu den Hauptabnehmern von Pestiziden. Der Einsatz von Chemie auf den Baumwollfeldern ist sogar etwa achtmal so hoch wie beim Anbau von Nahrungsmitteln. Zwar verspricht der Einsatz von Pestiziden größere Ernten und höhere Gewinne, doch die Folgekosten für Menschen, Grundwasser und Böden sind ungleich höher zu bewerten.

Doch nicht nur beim Anbau, auch bei der Verarbeitung treten Umweltbelastungen auf. Bis aus einer Baumwollfaser ein Kleidungsstück wird, durchläuft der Rohstoff unzählige Verarbeitungsschritte. Nur kurz: In der Textilproduktion werden etwa 7500 verschiedene Chemikalien und rund 4000 Farbstoffe eingesetzt.[45] In Ländern wie China, Indien oder Kambodscha – dort, wo viele Textilien hergestellt werden – sind die Belastungen für Menschen und Umwelt immens. Auch weil Sicherheitsauflagen nicht immer strikt kontrolliert werden. Arbeiter kommen mit Lösungsmitteln, Farbstoffen und Schwermetallen in direkten Kontakt; zudem gelangen Chemikalien in die Luft und das Abwasser. Greenpeace hat nachgewiesen, dass Textilfabriken giftige Abwässer ins Meer leiten.[46] Und die Belastungen sind keinesfalls regional begrenzt. Denn durch die Atmosphäre, durch Meeresströmungen und über die Nahrungskette verteilen sich die giftigen Chemikalien über den ganzen Globus. Sogar in der Arktis und Antarktis wurden bereits Schadstoffe aus der Textilproduktion nachgewiesen, beispielsweise bei Eisbären.[47]

## BIOLOGISCHE STATT HERKÖMMLICHER BAUMWOLLE

In den letzten Jahren zeichnet sich ein immer stärker werdender Trend zu Baumwolle aus kontrolliert biologischem Anbau (kbA) ab. Doch der prozentuale Anteil an der globalen Produktion ist nach wie vor gering. Dabei verfügt Bio-Baumwolle über eine deutlich bessere Ökobilanz als konventionell angebaute Baumwolle, wie aus der Studie *Life Cycle Assessment (LCA) of Organic Cotton – A global average* der gemeinnützigen Organisation Textile Exchange hervorgeht.[49] Nach den im November 2014 veröffentlichten Zahlen verursacht sie 46 Prozent weniger Treibhausgase, 70 Prozent weniger Bodenversauerung, 26 Prozent weniger Bodenerosion und verbraucht 91 Prozent weniger Bodenflächen und Grundwasser. Zudem wird im Anbau- und Verarbeitungsprozess von Bio-Baumwolle insgesamt 62 Prozent weniger Energie verbraucht.

Doch trotz dieser positiven Fakten bleiben Probleme: Auch die Anpflanzung von Bio-Baumwolle geht mit einem relativ hohen Wasserbedarf und einer Konkurrenz um landwirtschaftlich nutzbaren

Boden einher. Außerdem kann die globale Nachfrage nach Baumwolle nicht aus biologischer Ernte gestillt werden.

## KUNSTFASERN UND NEUE FASERPFLANZEN – ALTERNATIVEN?

Überhaupt lässt sich der enorme Stoffbedarf weltweit nicht allein mit Baumwolle, der am häufigsten eingesetzten Naturfaser für Heim- und Bekleidungstextilien, decken. Wichtige Rohstoffe in der Bekleidungsindustrie sind daher Chemie- und Kunstfasern. Reine Synthetikfasern wie Polyamid, Polyacryl, Polyester und Elasthan werden allerdings auf der Basis von Erdölprodukten hergestellt. Und das ist alles andere als nachhaltig. Zellulosefasern wie Viskose werden zwar aus Holz hergestellt, durch die nachfolgenden umweltbelastenden chemischen Verarbeitungsprozesse gelten sie dennoch als Kunstfasern.

Natur- und Kunstfasern haben aus ökologischer Sicht Vor- und Nachteile. Zwar werden Naturfasern aus nachwachsenden Rohstoffen gewonnen, dennoch werden für ihre Produktion Bodenflächen und Wasser benötigt – knappe Ressourcen auf unserem Planeten. Kunstfasern basieren häufig auf dem knapp werdenden Rohstoff Erdöl. Ihr Vorteil: Diese Fasern sind sehr strapazierfähig und langlebig, was nicht nur aus Verbraucher-, sondern auch aus ökologischer Sicht erwünscht ist. Allerdings können sich während der Nutzung, vor allem beim Waschen, Mikrofasern lösen. Diese Partikel gelangen anschließend in den Wasserkreislauf und belasten unsere Flüsse und Meere.

Sie sehen: Sowohl herkömmliche Naturfasern wie Baumwolle als auch Kunstfasern sind alles andere als umweltfreundlich. Deshalb rückt die Züchtung neuer Faserpflanzen in den Blickpunkt, wie zum Beispiel die Fasernessel. Brennnesselstoffe weisen eine gute Reißfestigkeit auf und können deshalb als besonders strapazierfähig und langlebig bezeichnet werden. Außerdem gelten sie als pflegeleicht. Maschenstoffe aus einem Gemisch aus Brennnessel und Baumwolle oder Brennnessel und Viskose lassen sich in der Regel auf ähnlich unproblematische Weise pflegen wie Stoffe aus reiner Baumwolle oder Viskose. Zudem können die Pflanzenfasern praktisch abfallfrei verwertet werden, das macht sie auch ökologisch attraktiv.

## CHEMISCHE ZUSÄTZE IN TEXTILIEN

In Kleidungsstücken kann eine Vielzahl von chemischen Substanzen enthalten sein. Diese werden eingesetzt, um die Kleidung beispielsweise zu färben oder knitterfrei zu machen. Andere Chemikalien werden während des Herstellungsprozesses verwendet. Neue Kleidung sollte deshalb immer vor dem ersten Tragen gewaschen werden. So werden Schadstoffe ausgespült, die nicht fest mit der Faser verbunden sind. Abhängig von der Gefährlichkeit und vom Ausmaß des Kontaktes mit der Haut können diese ein gesundheitliches Risiko darstellen. Manche Schadstoffe können bei empfindlichen Menschen auf der Haut zu allergischen Reaktionen führen. Vor allem kleine Kinder stecken Kleidungsstücke auch in den Mund. Auf diese Weise werden Substanzen gelöst und aufgenommen.

Wenn Sie ein T-Shirt aus Bio-Baumwolle kaufen, garantiert das den ökologischen Anbau der Faser. Über die Weiterverarbeitung sagt es allerdings nichts aus. Möchten Sie also sichergehen, dass Ihre Kleidungsstücke frei von gefährlichen Chemikalien sind und somit auch keine Gefahr für Ihre Gesundheit darstellen, sollten Sie neben dem Bio-Siegel auf weitere Textilsiegel achten. Greenpeace hat Textilsiegel, die umweltschonende Standards setzen, danach bewertet, inwieweit sie strenge Grenzwerte bezüglich schädlicher Chemikalien garantieren.[50] Das strengste Siegel am Markt ist derzeit IVN Best, gefolgt von GOTS.

## 4.3 TEXTILIEN AUS FAIREM HANDEL – GUT FÜR ERZEUGER

*Erinnern Sie sich? Im April 2013 stürzte in Bangladesch das Fabrikgebäude Rana Plaza ein, das mehrere Textilfabriken beherbergte. Das bis heute größte Unglück in der Geschichte der Textilindustrie forderte mehr als 1000 Menschenleben, über 2000 Menschen wurden verletzt.*

Kleidung über Kleidung. Dass diese Shirts aus fairem Handel stammen, ist nicht sehr wahrscheinlich.

Viele dieser Arbeiter fertigten Kleidung für den europäischen Markt. Große, aber auch kleinere westliche Unternehmen ließen in Rana Plaza produzieren. Wie katastrophal die Arbeitsbedingungen in der Textilindustrie zum Teil sind, wurde uns hier auf tragische Weise vor Augen geführt.

Zwar ist Rana Plaza ein extremer Fall, doch bei Weitem kein Einzelfall. Immer wieder kommt es zu Unfällen, werden die schlechten Arbeitsbedingungen besonders in der fernöstlichen Textilindustrie angeprangert. Sie sind der Preis dafür, dass wir immer günstigere Kleidung einkaufen wollen. Doch auch teure Kleidungsstücke werden oft mit ausbeuterischen Methoden produziert.

## UNSERE VERANTWORTUNG

Wer Kleidung kauft, trägt Mitverantwortung für die Arbeitsbedingungen in den Produktionsländern und kann durch bewusste Kaufentscheidungen darauf Einfluss nehmen. Ein T-Shirt für drei Euro, eine Jeans für 20 Euro und eine Jacke für 35 Euro – das sind bestimmt keine Preise, die fairen Handel und existenzsichernde Löhne bedeuten. Das Gute ist: Der Umsatz mit fair gehandelten Produkten insgesamt (rund drei Viertel davon entfallen auf Lebensmittel) ist in den letzten Jahren rapide gestiegen. Im Jahr 2015 wurden faire Waren im Wert von über einer Milliarde Euro verkauft.[53] Ein Großteil der in Deutschland und anderswo verkauften Textilien wird allerdings nach w e vor in Niedriglohnländern, zum Beispiel China, Bangladesch, Pakistan, Indonesien oder Vietnam, hergestellt.

## MEHR KLARHEIT ÜBER TEXTILSIEGEL

Die Bezeichnungen „fair" oder „fairer Handel" sind nicht gesetzlich geschützt, weder in Deutschland noch anderswo in der EU. Daher haben Siegelinitiativen, die im internationalen Dachverband Fairtrade Labelling Organizations International (FLO) zusammengeschlossen sind, gemeinsame Standards entwickelt – für Produkte mit dem Fairtrade-Siegel weltweit.

Das Fairtrade-Siegel steht für unabhängig kontrollierten fairen Handel auf Augenhöhe mit den Erzeugern (siehe Kapitel 2.4). Produkte, die mit diesem Siegel ausgezeichnet sind, werden nach den internationalen Standards von Fairtrade International hergestellt und gehandelt. Zu diesen gehören unter anderem die Stärkung von Kleinbauern und Arbeitern, eine Bezahlung nach dem Fairtrade-Mindestpreis sowie ein umweltschonender Anbau und Schutz natürlicher Ressourcen.

Der Fairtrade-Textilstandard und das Textilprogramm stellen einen umfassenden Ansatz dar, die Arbeiter in der Textilindustrie zu stärken und ihre Löhne und Arbeitsbedingungen zu verbessern.[54]

Das Fairtrade-Siegel für Baumwolle steht darüber hinaus für Roh-baumwolle, die fair angebaut und gehandelt wurde. Die Baumwolle in Textilien, die dieses Siegel tragen, ist zu 100 Prozent Fairtrade-zertifiziert. Der Umstieg auf biologischen Anbau wird gefördert. Weitere wichtige Siegel, auf die Sie beim fairen Kleiderkauf achten sollten, sind Global Organic Textile Standard (GOTS), Fair Wear Foundation und IVN Best.

Doch woran kann man sich als Käufer im Sinne der umfassenden Definition von Nachhaltigkeit orientieren, wenn man umweltverträgliche *und* fair produzierte Kleidung einkaufen will? Derzeit gibt es viele verschiedene, voneinander unab-hängige Gütesiegel, aber bisher kein gesetzlich geschütztes Zertifikat, das für eine saubere und fair hergestellte Kleidung bürgt. Die wichtigsten Textilsie-gel unterscheiden sich vor allem darin, dass manche mehr Wert auf ökologische und andere mehr Wert auf soziale Standards legen. Ein Siegel, das beides gleicherma-ßen berücksichtigen würde, wäre gleichwohl optimal. Bundesent-wicklungsminister Gerd Müller hatte bereits 2014 ein Textilsiegel angeregt und eine Selbstverpflichtung der Bekleidungsbranche für soziale und ökologische Mindeststandards gefordert. Dieses hatte sich allerdings nicht durchgesetzt. Stattdessen wurde im Oktober 2014 das Textilbündnis (textilbuendnis.com) gegründet.

Wenn Sie Kleidung kaufen wollen, die unter ökologischen und menschenwürdigen Bedingungen hergestellt wurde, können Sie sich auf textilklarheit.de schlau machen. Diese Webseite ist Teil des Portals siegelklarheit.de, einer Initiative der Bundesregierung, die Gütesiegel mit Anspruch auf umwelt- und sozialverträgliche Herstellungsprozesse bewertet und vergleicht. Mit der zugehörigen App Siegelklarheit können Sie sich direkt beim Einkauf im Laden über Siegel informieren und so bewusst nachhaltige Kleidungsstü-cke und andere Produkte kaufen.

## 4.4 VEGANE MODE

*Vegan lebende Menschen krempeln ihr Leben auf vielen Ebenen um. Meist beginnen sie bei der Ernährung, machen aber vor dem Kleiderschrank nicht halt. Denn auch Kleidung kann ohne tierische Bestandteile auskommen. Doch was genau bedeutet „vegan" bei Textilien?*

Damit Kleidungsstücke als vegan bezeichnet werden, dürfen sie natürlich keine tierischen Produkte enthalten. Wer nicht nur Rücksicht auf Tiere, sondern auch die Umwelt nehmen möchte, sucht am besten nach ökologisch produzierter und fair gehandelter veganer Mode. Diese kann aus pflanzlichen Rohstoffen oder chemisch hergestellten Materialien bestehen. Menschen, die umweltbewusst einkaufen möchten, sollten dabei Mode aus pflanzlichen *und* nachhaltigen Rohstoffen bevorzugen – dazu zählt Hanf, der gegenüber Baumwolle einen entscheidenden Vorteil hat: Die Ökobilanz ist deutlich besser. Damit Sie vegane Textilien auf einen Blick erkennen, können Sie sich nach dem Logo PETA-Approved Vegan richten, mit dem tierfreundliche Unternehmen vegane Modeartikel wie Taschen, Schuhe, Schmuck und Schals kennzeichnen können.

Ein veganer Lebensstil ist nicht auf die Ernährung beschränkt. Tatsächlich gibt es auch vegane Kleidung.

## MATERIALIEN, DIE VEGAN UND UMWELTFREUNDLICH SIND

Im Hinblick auf vegane Textilien gibt es viele Innovationen, zum Beispiel Lyocell, eine aus natürlichen Rohstoffen industriell hergestellte Faser. Sie wird aus Eukalyptusholz aus nachhaltiger Forstwirtschaft erzeugt und ist biologisch abbaubar. Zudem verfügt sie über hervorragende Eigenschaften: Sie ist langlebig, wärmt fast so gut wie Schafschurwolle, kühlt ähnlich wie Leinen und ist saugfähiger als Baumwolle. Die Fasern nehmen besonders viel Feuchtigkeit auf und eignen sich deshalb ideal für die Weiterverarbeitung zu Sportbekleidung. Der Vorteil hierbei ist, dass Feuchtigkeit schnell an die Oberfläche transportiert und Bakterienwachstum vermindert wird. Darüber hinaus schützt der aus den Fasern gewebte Stoff vor Sonnenlicht. Die Zellulosefaser bietet also eine ökologisch sinnvolle Alternative zu Chemiefasern mit schlechter Ökobilanz sowie zu Baumwolle.

Das Gleiche gilt für Bambus und Hanf: Bambus etwa wächst sehr schnell, benötigt wenig Pflege und ist resistent gegen Schadstoffe und Schädlinge. Umweltschädigende Insektizide und Pestizide sind also überflüssig. Auch Hanf ist als Pflanze in dieser Hinsicht recht anspruchslos und seine Trageeigenschaften sind sehr angenehm. Tofu ist sicherlich den meisten ein Begriff – doch wie sieht es mit Sojaseide aus? Sie überzeugt nicht nur mit weichem Tragekomfort und wohliger Wärme, sondern ist als Nebenprodukt der Tofuherstellung zudem ressourcenschonend gewonnen. Verwendet wird das Protein der Sojabohne, wobei im Herstellungsprozess keine Mineralöle zum Einsatz kommen. Die Sojafaser bleibt also kompostierbar.

Mittlerweile bieten übrigens immer mehr Geschäfte vegane Mode an. Auch im Internet finden Sie eine Vielzahl von Shops, in denen Sie vegane Kleidung kaufen können.

## 4.5 OHNE ZWEIFEL NACHHALTIG – SECONDHAND & CO.

*Glaubt man der Werbung, muss der Kleiderschrank ständig mit Neuem gefüllt werden. Doch weniger kann durchaus mehr sein – vor allem wenn man auf umweltverträgliche Qualität achtet. Und überhaupt muss nicht alles neu gekauft werden. Auf nachhaltige Weise lässt sich Kleidung genauso gebraucht erstehen. Und man kann sie ändern, tauschen und leihen.*

Laut einer Umfrage, die im September 2015 im Auftrag von Greenpeace durchgeführt wurde, hat jeder deutsche Erwachsene im Alter zwischen 18 und 69 Jahren 95 Kleidungsstücke im Schrank, ohne Unterwäsche und Socken.[55] Hochgerechnet ergibt das etwa 5,2 Milliarden Kleidungsstücke in ganz Deutschland. Frauen besitzen dabei im Durchschnitt mit 118 Kleidungsstücken deutlich mehr als Männer mit 73. Erschreckend ist, dass jedes fünfte Kleidungsstück so gut wie nie und jedes dritte seltener als alle drei Monate getragen wird. Das summiert sich auf rund zwei Milliarden Kleidungsstücke, die ungenutzt in deutschen Schränken liegen – und für die sinnlos Ressourcen wie Anbauflächen, Wasser und Energie verschwendet wurden.

Mehr braucht Mann eigentlich nicht. Ein klassischer Anzug, vielfach kombinierbar, darf in einer nachhaltigen Garderobe nicht fehlen.

Kurz gesagt: Wir kaufen ständig neue Kleidung und sorgen für textilen Überfluss, mit dem wir nichts anfangen können. Ressourcenschonender ist es allemal, sich nur solche Kleidungsstücke anzuschaffen, für die man tatsächlich Verwendung findet (ein Grundgesetz für den nachhaltigen Einkauf allgemein). Das gilt selbstverständlich auch für Textilien aus nachhaltiger Produktion. Denn zum verantwortungsvollen Umgang mit den natürlichen Ressourcen trägt man aus Verbrauchersicht nicht nur durch den Erwerb solcher Produkte bei, sondern, wenn möglich, auch durch Konsumverzicht. Eine ausgezeichnete Alternative stellt wiederum die Weiter- oder Wiedernutzung bereits vorhandener Kleidung dar.

## HOCHWERTIGE QUALITÄT STATT GÜNSTIGER SCHNÄPPCHEN

Zugleich gilt natürlich die Devise: Wer ingesamt weniger Kleidung kauft, kann am Ende mehr Geld in hochwertige Produkte investieren. Nach der Devise „Qualität statt Quantität" werden Ressourcen gleich mehrfach geschont! Erstens wird nur angeschafft, was wirklich nötig ist, und das zweitens von Labeln, die ökologisch sauber produzieren. Drittens erhält man gut verarbeitete Kleidung, die einem gefällt und die man möglichst häufig und über einen langen Zeitraum tragen möchte und kann.

Bei überflüssigen Shoppingverführungen hilft es übrigens, sich die simple Frage zu stellen: Brauche ich das wirklich? Und mit welchen Teilen aus meinem Kleiderschrank kann ich dieses Kleidungsstück überhaupt kombinieren? Statt extravaganter Teile, die nach einer Saison nicht mehr modern sind, und billiger Schnäppchen lohnt es sich, zu einem hochwertigen und zeitlosen Klassiker zu greifen, den Sie länger tragen können. Denn gute Qualität hat zwar ihren Preis, doch dafür haben Sie länger Freude daran.

Ausgesuchte Mode ist nicht nach zwei- bis dreimaligem Waschen bereits unansehnlich und muss daraufhin im Kleiderschrank ein bedauernswertes Dasein fristen. Sie punktet vielmehr mit guten Stoffen, bester Verarbeitung und kann sogar nach einiger Zeit noch geändert werden. Übrigens: Bewahren Sie Stoffreste oder Reserveknöpfe immer auf. Muss einmal etwas ausgebessert werden oder müssen Sie den Knopf an der Hose ersetzen, haben Sie gleich den passenden Ersatz zur Hand. Bei Blusen und Hemden können Sie die Lebensdauer ganz leicht verdoppeln, indem Sie Verschleißteile wie Kragen oder Manschetten erneuern lassen. So erhalten Sie ein (fast) neues Teil.

## SECONDHAND: EINE PREISWERTE UND UMWELTFREUNDLICHE WAHL

Ihre Kleidung passt Ihnen nicht mehr, entspricht nicht mehr Ihrem Geschmack, ist aber zum Wegwerfen zu gut erhalten? Dann geben Sie diese doch einfach in einen Secondhand-Laden oder verkaufen Sie diese auf Flohmärkten oder im Internet. Vielerorts gibt es auch Kleiderkammern von Kirchen, Wohltätigkeitsverbänden oder kommunalen Initiativen, in denen Sie Kleidung abgeben können. Auf alle Fälle stellen Secondhand-Geschäfte eine preisgünstige und umweltschonende Alternative zum Neukauf dar. Das gilt vor allem, wenn Sie Kinder haben, für die innerhalb kurzer Zeit viele Anziehsachen zu besorgen sind, aus denen sie schnell wieder herauswachsen. Ein weiterer Vorteil von Secondhand ist, dass die oftmals in Kleidern enthaltenen Chemikalien bereits rausgewaschen sind.

Langsam legt der Begriff Secondhand übrigens auch hierzulande sein angestaubtes Image ab. Wer früher dachte, Kleidung aus zweiter Hand zu kaufen sei spießig oder muffig, denkt heute vielleicht schon anders. Andere Länder sind uns in dieser Hinsicht ohnehin weit voraus. Zum Beispiel Australien. Wer schon einmal dort war, wird bestimmt den Begriff *op-shopping* kennen. Genau genommen sind *Opportunity Shops* nichts anderes als Second-

**INFO**

Wer seinen Kleiderkonsum beschränken möchte, sollte *Fehlkäufe* vermeiden: Diese geschehen oft dann, wenn man nicht weiß, welche Kleidung zu einem passt und wie sich einzelne Stücke mit anderen kombinieren lassen. Hier kann ein Experte mit einer Farb-, Typ- und Stilberatung weiterhelfen. Wer auf die Kombinierbarkeit seiner Garderobe achtet, braucht ingesamt weniger Kleidung. Und wer typgerecht einkauft, wird diese Teile öfter und lieber tragen.

**INFO**

Auf greenpeace.de/konsumbotschaft finden Sie Secondhand, Flohmärkte und Eco-Fashion *in Ihrer Nähe*. Recherchieren Sie doch einmal, vielleicht werden Sie fündig und finden etwas Passendes.

hand-Läden. Und dort einzukaufen gilt als vollkommen normal – im Übrigen neben Kleidung viele andere Dinge. Man spart jede Menge Geld, verringert seinen $CO_2$-Fußabdruck auf unserem Planeten und tut für andere etwas Gutes. Denn der Gewinn aus diesen Läden wird für Wohltätigkeitsorganisationen genutzt.

## RECYCLING MAL ANDERS: UPCYCLING

Eine Möglichkeit ist, Gebrauchtes – oder in diesem Fall: gebrauchte Kleider – zu erstehen. Doch Ressourcen werden auch dann geschont, wenn altes Material für neue Produkte wiederverwertet wird. So verstehen sich immer mehr nachhaltige Modelabels auf das sogenannte Upcycling und schaffen aus Abfallmaterialien neuwertige und trendige Kleidung. Beim Upcycling werden alte Mäntel zu neuen Jacken, LKW-Planen zu Taschen, aus Kaffeesäcken werden Hüte oder aus ausrangierten Krawatten neue Hemden. Vorreiter des Trends waren vor allem Outdoor-Marken, die Fleecejacken, Pullover oder T-Shirts aus recycelten PET-Flaschen herstellten. Das ist kaum zu glauben, aber wahr.

### INFO

Jährlich landen in Deutschland etwa 750 000 Tonnen Kleidung in der Altkleidersammlung.[57] Wer seine alten Kleider in Sammelbehälter wirft, sollte allerdings darauf achten, wer diese Behälter aufgestellt hat und was mit der eingesammelten Kleidung geschieht. Deshalb hat FairWertung – ein bundesweites Netzwerk von gemeinnützigen Organisationen, die Altkleider sammeln – Standards für das Sammeln und Verwerten von gebrauchten Textilien entwickelt. Auf vertrauenswürdigen Containern und Sammelzetteln finden Sie das Zeichen von FairWertung. Mehr Informationen erhalten Sie auf fairwertung.de.

## STOFFLICHE AUFWERTUNG

Knapp fünf alte Plastikflaschen werden etwa benötigt, um recycelten Polyester für ein T-Shirt zu gewinnen.[58] In der Regel werden die Flaschen zunächst gehäckselt und synthetisch zerlegt, danach wird die Masse geschmolzen. Daraus wird anschließend die Polyesterfaser für das T-Shirt gezogen. Bei dieser Produktionsweise wird kein Erdöl benötigt, anders als bei frischem Polyester. Sie sehen: Im Unterschied zum herkömmlichen Recycling wird beim Upcycling altes Material nicht nur wiederverwertet, sondern es erfährt sogar eine stoffliche Aufwertung. Nachhaltig sind beide Vorgänge, da bereits vorhandenes Rohmaterial benutzt wird, das nicht erst energie- und ressourcenaufwendig neu zu erzeugen ist. Und natürlich wird auf diese Weise Müll vermieden.

## ÄNDERN STATT NEU KAUFEN

Wie bereits erwähnt, stellt die Weiter- oder Wiedernutzung von Gebrauchtem einen hervorragenden Gegenentwurf zum Konsum neuer Produkte dar. Während man im Secondhand-Shop dafür bezahlen muss, gibt es kostenlose Alternativen. Dazu zählt der gute alte Griff zum Nähkästchen. Denn jeder von uns verfügt sicherlich über alte Kleidungsstücke, die durch ein paar kleinere Ausbesserungsarbeiten schnell wieder einsatzfähig sind.

Wenn Ihr Gewicht über die Jahre konstant bleibt, brauchen Sie aus diesem Grund an Ihren Kleidern kaum etwas zu ändern. Und wenn nicht, gibt es eine gute Nachricht: Oft genug tolerieren Ihre liebsten Stücke durchaus Gewichtsschwankungen. So sind Hosen, Röcke oder Sakkos in der Regel so hergestellt, dass sie problemlos erweitert oder nach einer Diät enger gemacht werden können. Sie müssen sich also nicht gleich bei jeder Gewichtszunahme oder -abnahme eine neue Garderobe anschaffen. Falls Sie die Änderungen nicht selbst vornehmen können, gibt es auch dafür eine Lösung: Eine gute Änderungsschneiderei befindet sich bestimmt ganz in Ihrer Nähe.

## NEUE KLEIDUNG GRATIS?

Oder möchten Sie Ihren Kleiderschrank ressourcenschonend mit Neuzugängen auffrischen, ohne dabei auch nur einen Cent zu zahlen? Was nach einer Wunschvorstellung klingt, ist längst Wirklichkeit. Denn mittlerweile gibt es Kleidertauschpartys, und zwar in ganz Deutschland. Vielleicht sogar in Ihrer Nähe. Wie das funktioniert? Sie  bringen einfach Kleider mit, die Sie tauschen möchten. Sie können auch bloß etwas bringen oder nur nach Tauschware schauen. Eine simple und überzeugende Idee, oder nicht?

Bevor wir uns damit befassen, wie wir unsere (hoffentlich) nachhaltige Bekleidung auch umweltfreundlich reinigen, sei an dieser Stelle ein brauchbarer Weg zu einem nachhaltigen Kleiderschrank aufgezeigt. Gehen Sie dabei behutsam und schrittweise vor. Wenn Sie Ihren Kleiderschrank komplett ausräumen, um dann alles neu zu kaufen, ist der Sache mit Sicherheit nicht gedient.

## TIPPS FÜR EINEN NACHHALTIGEN KLEIDERSCHRANK

*Der Blick in den Schrank*

- Entrümpeln, sortieren und ordnen Sie Ihren Bestand.

- Bessern Sie Stücke mit kleinen Fehlern aus.

- Spenden oder verkaufen Sie gut erhaltene Kleidung oder organisieren Sie eine Tauschparty.

*Shoppen gehen*

- Investieren Sie in hochwertige und zeitlose Mode.

- Kaufen Sie Secondhand (Vintage sieht nicht nur bei Möbeln toll aus!).

- Bevorzugen Sie Öko-Mode.

## 4.6 UMWELTSCHONEND WASCHEN UND REINIGEN

*Wäsche waschen, ohne die Umwelt zu belasten, geht kaum – umweltfreundlich waschen schon: Die richtige Dosis finden, energiesparend waschen und trocknen ist die Devise. Natürlich sollte, wer umweltbewusst wäscht, auch umweltfreundliche Reinigungsmittel kaufen.*

Eine gewisse Umweltbelastung müssen Sie in Kauf nehmen, wenn Sie waschen, da jeder Waschgang ein Mindestmaß an Wasser und Energie benötigt. Um diesen Verbrauch zu senken, sollten Sie folgende Grundregeln effizienten Waschens beachten, die zudem Ihren Geldbeutel schonen:

- Beladen Sie die Waschmaschine so voll wie möglich.

- Verzichten Sie auf Vorwäsche.

- Stellen Sie das passende Waschprogramm ein und waschen Sie auf maximal 40, am besten 30 Grad Celsius.

Unverkennbar handelt es sich hierbei um das Innere einer Waschtrommel. Am besten sollte darin umweltfreundliches Waschmittel verwendet werden.

- Wählen Sie die Dosierung des Waschmittels entsprechend dem Verschmutzungsgrad und der Wasserhärte.

Die letzte Maßnahme sorgt dafür, dass weniger Waschmittel-chemikalien in die Abwässer und Gewässer gelangen. Denn jedes Waschmittel kann aus Stoffen bestehen, die biologisch nicht vollständig abbaubar sind und Gewässerorganismen schädigen. Bio-Waschmittel enthalten gleichwohl weniger umweltschädliches Salz, Duft- und Farbstoffe.

## BIO-WASCHMITTEL: RECHTLICHE LAGE

Leider gibt es noch keine verbindliche Regelung dafür, wann sich ein Produkt Bio- oder Öko-Waschmittel nennen darf. Produkte mit dem Europäischen Umweltzeichen – der Euroblume – garantieren aber eine möglichst umweltschonende Reinigung der Wäsche. Das Produkt muss mit Rohstoffen hergestellt sein, die strenge Auflagen hinsichtlich Umwelt- und Gesundheitsverträglichkeit erfüllen. Zudem muss die Gebrauchstauglichkeit, also die Reinigungsqualität, sichergestellt sein.

## VIEL HILFT VIEL?

Ausschlaggebend für die Umweltverträglichkeit von Waschmitteln sind zudem, wie gesagt, vor allem die Dosierung und die Häufigkeit der Nutzung. Etwa 630 000 Tonnen Waschmittel werden jährlich in Deutschland verbraucht.[59] Pro Einwohner sind das fast acht Kilogramm pro Jahr. Hinzu kommen Weichspüler und Wäschepflegemittel, die ebenfalls großzügig eingesetzt werden. Zwar sind die Produkte im Gegensatz zu früher heute viel effektiver. Brauchte man vor rund 20 Jahren durchschnittlich 160 Gramm Waschmittel pro Waschmaschinenladung, sind es heute nur noch rund 70 Gramm.[60] Allerdings hat sich das Dosierungsverhalten bei vielen Menschen nicht wesentlich geändert. Das heißt, es wird viel zu viel Waschmittel pro Waschgang benutzt. Hinzu kommt, dass oftmals viel häufiger gewaschen wird als eigentlich nötig.

Das Motto „viel hilft viel" bewirkt beim Einsatz von Waschmitteln eher das Gegenteil. Wird überdosiert, entsteht nämlich schnell so

viel Schaum, dass die Bewegung der Wäsche in der Trommel ge-
bremst wird. So kommt die mechanische Reinigung zu kurz und
die Wäsche wird erst recht nicht sauber. Zudem können Waschmit-
telreste so nicht richtig herausgespült werden.
Zu wenig Waschmittel verhilft natürlich auch
zu keinem guten Waschergebnis. Am besten
ist es, sich an die Dosierungsempfehlung des
Herstellers zu halten. Dosieren nach Gefühl
belastet die Umwelt und den eigenen Geldbeutel.

## ENERGIESPAREND WASCHEN UND TROCKNEN

Beim umweltbewussten Waschvorgang zählt
nicht nur die Wahl und Dosierung des richtigen Waschmittels, sondern auch des geeigneten Waschprogramms. Häufig wird außerdem
eine höhere Temperatur eingestellt als erforderlich. Senken Sie die Waschtemperatur von
60 Grad Celsius auf 40 Grad, sinkt der Stromverbrauch pro Waschgang bereits um rund
35 bis 40 Prozent.[61] Nachhaltiges Handeln
beim Waschen wirkt sich auch in diesem Fall
positiv auf die Haushaltskasse aus.

Für leicht und normal verschmutzte Wäsche reichen bei Bunt-
wäsche in der Regel 30 Grad Celsius und bei Weiß-
wäsche 40 Grad aus. Um Keime in der Waschmaschine vollständig abzutöten, genügt es, einmal
monatlich Wäsche bei 60 Grad mit pulverförmigem
Vollwaschmittel zu waschen. Kochwäsche sollte die
Ausnahme sein. Diese wird in aller Regel nur bei
ansteckenden Krankheiten etc. empfohlen. Eine
Vorwäsche, wie sie früher üblich war, ist bei den
heutigen modernen Waschmitteln nicht mehr erforderlich. Beachten Sie diese Hinweise, sparen Sie
Wasser und Energie, die zum Pumpen, Erhitzen
und Schleudern erforderlich ist. Weitere Energie-
spareffekte können Sie erreichen, wenn Sie die
Sparprogramme Ihrer Waschmaschine konsequent
nutzen – und wenn Sie nur dann einen Waschgang starten, wenn
die Maschine voll beladen ist.

Wenn möglich, sollten Sie Ihre Wäsche auf einer Leine an der frischen Luft trocknen. Alternativ, beispielsweise bei Pollenallergikern, ist ein Wäscheständer in einem unbeheizten Raum eine gute Wahl. Verzichten Sie möglichst, um Energie zu sparen, auf einen separaten Wäschetrockner. Und wenn Sie ihn dennoch einsetzen, sollten Sie die Wäsche vorher mit mindestens 1400 Umdrehungen pro Minute schleudern. Auf diese Weise reduzieren Sie den Energiebedarf beim Trocknen.

## WASCH- UND REINIGUNGSMITTEL IM BAUKASTENSYSTEM

Baukastensysteme sind eine sinnvolle Alternative zum klassischen Waschmittel, da Sie hier die einzelnen Bestandteile – Basiswaschmittel, Bleichmittel und Wasserenthärter – nach Bedarf kombinieren und dosieren können. Da die einzelnen Bestandteile getrennt bemessen werden, können Sie diese exakt an den Verschmutzungsgrad der Wäsche und die örtliche Wasserhärte anpassen. Die Wasserhärte erfahren Sie bei Ihrem Wasserwerk. Bei hartem Wasser müssen Sie entsprechend mehr Enthärter zugeben. Die Menge der waschaktiven Substanzen müssen Sie nicht verändern. Bleichmittel benötigen Sie wirklich nur bei hartnäckigen Flecken, also nicht bei jedem Waschgang.

**INFO**

Anfang 2005 startete in Deutschland die Initiative *„Nachhaltiges Waschen und Reinigen"*. Hersteller von Wasch- und Reinigungsmitteln, die daran teilnehmen, verpflichten sich zu nachhaltigem Handeln. Ihre Produkte können sie mit dem blauen Logo der Initiative kenntlich machen. Mehr Informationen darüber finden Sie auf sustainable-cleaning.com.

Baukastensysteme, die aus Basiswaschmittel, Wasserenthärter und Bleichmittel bestehen, haben die beste Ökobilanz: Die flexible Dosierung der Bestandteile ermöglicht, dass pro Waschgang weniger Chemikalien und Zusatzstoffe ins Abwasser gelangen. Werden sie im Nachfüllpack gekauft, wird zudem weniger Verpackungsmaterial benötigt, was den Energieaufwand bei der Herstellung reduziert. Auch wenn Baukastensysteme zunächst relativ kostspielig erscheinen, sollten Sie die Preise anhand der aufgedruckten Angaben zur Ergiebigkeit vergleichen. So lässt sich schnell erkennen, dass sie nicht teurer als herkömmliche Waschmittel sind. Auch superkompakte Waschmittel weisen in puncto Umweltschutz eine gute Bilanz auf. Hier benötigen Sie weniger Waschmittel für eine Waschladung, außerdem wird weniger Verpackungsmaterial benötigt.

# UMWELTFREUNDLICH PUTZEN

Nicht nur Waschmittel belasten die Umwelt, auch Reinigungs- und Pflegemittel sind hierfür verantwortlich. Aggressive Chemikalien beseitigen zwar wirksam den Schmutz, die Wirkstoffe gelangen aber auch ins Abwasser. Angesichts der großen Vielzahl von Reinigungsmitteln wird der Markt schnell unübersichtlich. Letztendlich benötigt man jedoch nur eine kleine Anzahl im Haushalt.

Nutzen Sie Allzweckreiniger für wischbeständige, nicht kratzfeste Oberflächen und verzichten Sie auf scharfe Reinigungsmittel mit starken Säuren und Laugen. Das Gleiche gilt für Desinfektionsreiniger. Handspülmittel oder Mittel für Geschirrspülmaschinen sollten phosphatfrei und ohne desinfizierende oder stark duftende Stoffe sein. Chemische Rohrreinigungsmittel sollten tabu sein. Denn die Inhaltsstoffe werden durch Kläranlagen nicht herausgefiltert, sodass sie unsere Gewässer belasten. Umweltfreundliche Produkte erkennen Sie am Blauen Engel.

## 4.7 NACHHALTIGE KOSMETIK

*Natürlich haben Körper- und Schönheitspflege nichts mit Bekleidung zu tun. Doch wenn wir im Hinblick auf unser Äußeres auf nachhaltige Produkte setzen, sollten wir dieses Thema auf keinen Fall vergessen.*

Wer schön sein will, kann Kosmetikartikel aus nachhaltiger Herstellung verwenden.

Kosmetika und Pflegeprodukte können mögliche Schadstoffe enthalten. Die Rede ist von Mineralölen, Silikonen und Konsorten. Ob damit gesundheitliche Risiken verbunden sind, darüber streiten Experten. 2015 untersuchte die Stiftung Warentest Körperöle[62] und Kosmetika[63]. Einige Produkte enthielten aromatische Mineralölkohlenwasserstoffe (MOAH). Sie stehen im Verdacht, Krebs zu erregen. Abschließende Untersuchungen dazu stehen zwar noch aus. Doch im Interesse der Gesundheit sollte vorsichtshalber auf mineralölhaltige Kosmetika verzichtet werden. Auch Parabene, als günstige Konservierungsmittel in Pflegeprodukten eingesetzt, gelangen in den Körper und auf die Haut – obwohl sie im Verdacht stehen, in den Hormonhaushalt einzugreifen. Sie stecken unter anderem in Zahnpasta, Shampoos und Duschgels. Noch dazu befinden sich in vielen Tiegeln, Tuben und Sprays Konservierungsstoffe, Weichmacher und Trägermittel. Auch Aluminiumsalze, Silikone und Tenside sind umstritten.

## PLASTIK IN KOSMETIKA UND ZAHNCREMES?

Ebenso Mikroplastikstoffe. Diese Plastikpartikel dienen in Pflegeprodukten als Bindemittel und verbessern zum Beispiel bei Zahncremes und Duschpeelings die Reinigungswirkung. Doch Mikroplastik schadet nicht nur uns, sondern auch der Umwelt. In den Kläranlagen werden die Partikel nicht aus dem Abwasser gefiltert und gelangen in Flüsse und Meere. Dort lagern sich die Schadstoffe ab; Fische und andere Meeresbewohner nehmen die Partikel auf. Nicht nur deren Gesundheit leidet, sondern auch unsere – denn über die Nahrungskette nehmen wir die Mikroplastikstoffe ebenfalls auf.

Mikroplastik wird in etlichen Produkten genutzt, weil es kostengünstig und vielseitig einsetzbar ist: als Füllstoff und Bindemittel in Kosmetika, als Schleifmittel in Zahncremes und Peelings. Derzeit sieht die Verordnung (EG) Nr. 1223/2009 des Europäischen Parlaments und des Rates vom November 2009 über kosmetische Mittel keine Kennzeichnungspflicht für Kunststoffe vor. Dem können Sie nur selbst entgegentreten – indem Sie zu Produkten greifen, die keine festen Kunststoffpartikel enthalten.

### INFO

Statt Mikroplastik und andere Kunststoffe zu verwenden, können diese in Kosmetika durch in der Natur vorkommende Stoffe ersetzt werden. Bei *Naturkosmetik* werden beispielsweise biologisch abbaubare Inhaltsstoffe wie gemahlene Aprikosen- und Traubenkerne, Mandelkleie oder mineralische Stoffe wie Tonerde verwendet.

## WIE VERMEIDE ICH MIKROPLASTIK?

Einige Unternehmen haben die schädlichen Partikel bereits aus ihren Marken verbannt. Doch noch immer finden sich in vielen Produkten Kunststoffpartikel. Wer darauf verzichten will, muss allerdings ganz genau hinschauen. Denn eine einfache Regel, wie man diese auf Anhieb erkennt, gibt es nicht. Der Preis ist übrigens kein Anhaltspunkt. Die Partikel können genauso in günstigen wie in hochpreisigen Artikeln enthalten sein. Grundsätzlich stoßen Sie jedoch bei einem Einkauf in Biomärkten und Reformhäusern eher auf Naturprodukte ohne Mikroplastik.

Um zu erfahren, welche Inhaltsstoffe ein Produkt enthält, hilft ein Blick auf die Verpackung. Auf dieser oder direkt auf dem Produkt werden alle Stoffe, die auf der Grundlage der Europäischen Kosme-

tikverordnung in kosmetischen Mitteln verwendet werden dürfen, im sogenannten INCI-Code aufgelistet. (INCI steht für *International Nomenclature Cosmetic Ingredients*.) Je weiter oben ein Stoff in der Rangliste steht, desto höher ist die Konzentration. Anhand der Deklaration können Sie erkennen, ob Kunststoffpartikel enthalten sind. Allerdings müssen Sie dazu auf folgende Begriffe achten, denn den Begriff Mikroplastik werden Sie hier nicht direkt finden. Häufige Kunststoffe in Kosmetika sind:

| Kunststoff | Abkürzung |
|---|---|
| Polyethylen | PE |
| Polypropylen | PP |
| Polyethylenterephthalat | PET |
| Nylon-12 | Nylon-12 |
| Nylon-6 | Nylon-6 |
| Polyurethan | PUR |
| Acrylates Copolymer | AC |
| Acrylates Crosspolymer | ACS |
| Polyquaternium | P |
| Polymethylmethacrylat | PMMA |

Quelle[64]

Wenn Sie sich über einen Inhaltsstoff genauer informieren möchten, helfen die INCI-Datenbank haut.de/inhaltsstoffe-inci und die INCI App weiter. Wenn Sie wissen möchten, ob Ihr Duschgel oder Ihre Gesichtscreme Mikroplastik enthält, sind außerdem folgende Seiten zur Information empfehlenswert: bund.net/mikroplastik, codecheck.info und greenpeace.de.

## SPRAYDOSEN – BITTE OHNE FCKW UND KONSORTEN

Eine Spraydose gegen Achselschweiß, ein Spray für gut sitzende Haare, ein Make-up-Fixing-Spray – die Liste ließe sich unendlich fortsetzen. In vielen deutschen Bädern sind zahlreiche Spraydosen vertreten. Laut der Industriegemeinschaft Aerosole wurden 2015 insgesamt 1330 Milliarden Aerosoldosen in Deutschland abgefüllt. Davon entfielen 900 Millionen Dosen auf kosmetische Aerosole.[65]

Beim Betätigen einer Spraydose werden Wirkstoffe in Form feiner Tröpfchen als Aerosol freigesetzt. Neben der erwünschten Wirkung gelangen dabei Treib- und Lösemittel in die Luft. Wie umweltfreundlich ein Produkt ist, hängt also ganz entscheidend auch von den verwendeten Wirkstoffen ab.

Noch bis Ende der 1980er-Jahre wurden Fluorchlorkohlenwasserstoffe (FCKW) als Treibmittel in Spraydosen verwendet. Doch mit dem Montreal-Protokoll von 1987 – einem der erfolgsreichsten Umweltabkommen – kam das FCKW-Verbot. Die Ozonkiller in Spraydosen, Kühlmitteln und Isolierschäumen wurden daraufhin durch die ozonfreundlichen Fluorkohlenwasserstoffen (FKW) ersetzt. Gut fürs Klima ist das allerdings nicht. Deshalb soll nun auch der Einsatz von FKW eingeschränkt werden.

Heute enthalten Sprays nach wie vor Treibgase wie Propan, Butan und Isobutan. Diese Gase haben zwar nur einen geringen Einfluss auf den Treibhauseffekt. Dennoch sind sie alles andere als empfehlenswert: Denn die versprühten Teilchen sind so klein, dass sie eingeatmet werden können und sogar bis tief in die Lunge gelangen, wo sie die Selbstreinigung des Atmungsorgans behindern. Empfindliche Menschen oder Menschen, die gesundheitliche Probleme mit den Atemwegen haben, sollten daher besser auf Sprays jeglicher Art verzichten, Deo- und Haarsprays inbegriffen. Eine umweltfreundlichere und „gesündere" Variante sind Sprays, die in Pumpzerstäubern angeboten werden, sogenannte Pumpsprays. Sie geben deutlich weniger lungengängige Partikel ab und enthalten keine Treibmittel.

## INFO

Die *Ozonschicht* ist der Schutzschild der Erde. Sie schützt uns vor ultravioletter Strahlung, die in zu starker Dosis Haut und Augen beeinträchtigen und Schäden an der Erbsubstanz (DNA) verursachen kann. 1985 wurde das sogenannte „Ozonloch" entdeckt. 1987 wurde das Montrealer Umweltabkommen über Stoffe, die zum Abbau der Ozonschicht führen, verabschiedet.

## NACHHALTIGE KOSMETIK – BESSER FÜR UMWELT, MENSCH UND TIERE

Finden Sie auf Kosmetikartikeln die Attribute „nachhaltig" oder „bio", haben Sie es nicht immer mit dementsprechend produzierten Produkten zu tun. Denn diese Begriffe sind im Kosmetikbereich nicht geschützt. Wenn Sie nachhaltige kosmetische Mittel einkaufen wollen, sollten Sie daher auf seriöse Siegel achten: Alle Produkte, die nach den NATRUE-Kriterien zertifiziert sind, enthalten hauptsächlich natürliche Inhaltsstoffe und wurden nachhaltig produziert. Auch das Siegel des Bundesverbandes der Industrie- und Handelsunternehmen (BDiH) gibt Orientierungshilfe. Weitere Informationen erhalten Sie unter kontrollierte-naturkosmetik.de.

Kontrollierte Naturkosmetik besteht aus hochwertigen naturreinen Rohstoffen, wobei auf eine optimale Umweltverträglichkeit der Wirkstoffe geachtet wird. Das bedeutet natürlich auch, dass keine Kunststoffpartikel enthalten sind. Außerdem werden ausschließlich natürliche oder naturidentische Konservierungsstoffe verwendet und es kommen keine synthetischen Duft- und Farbstoffe oder Silikone zum Einsatz. Umwelt- und ressourcenschonende Herstellungsverfahren stellen einen weiteren Vorzug kontrollierter Naturkosmetik dar. Auch was das umstrittene tropische Palmöl betrifft, geht man im Bereich der Naturkosmetik eigene Wege. So forscht diese an Alternativen oder benutzt stattdessen Palmöl, bei dessen Herstellung strenge Vorgaben einer naturschonenden Produktion berücksichtigt werden. In der Vergangenheit wurden durch riesige Palmölplantagen massive Umweltschäden verursacht. Gigantische Flächen an Regenwald wurden abgeholzt, bedrohte Tierarten verloren ihren Lebensraum.

**INFO**

Sogenannte *Refill-Produkte* stellen auch bei der Körperpflege eine ausgezeichnete Alternative dar, wenn man Verpackungsmüll vermeiden möchte. Schließlich sind sie zum Nachfüllen von Originalbehältern geeignet.

Im Gegensatz zu konventioneller gilt „grüne" Kosmetik als gesünder. Paraffine, Silikone sowie synthetische Duft- und Farbstoffe sind darin weitestgehend nicht enthalten. Setzt die herkömmliche Kosmetikindustrie unter anderem hormonell wirksame Stoffe ein, die mit zahlreichen Nebenwirkungen in Verbindung gebracht werden, ist das bei Naturkosmetik nicht der Fall. Zwar sollen solche Stoffe in der zugelassenen Dosierung unbedenklich sein, doch letztendlich benutzen viele neben einer Gesichtscreme noch andere Körper- und Pflegeprodukte. Wer einmal alle Kosmetikartikel zusammenzählt, die er verwendet, kommt häufig auf eine stattliche Anzahl. Und wie diese Stoffe insgesamt in Verbindung mit Farbstoffen, Antioxidanzien wie BHT (Butylhydroxytoluol) und BHA (Butylhydroxyanisol) oder Formaldehydabspaltern, die ebenfalls in konventioneller Kosmetik enthalten sein können, reagieren, kann heute niemand sagen. Wer also hinsichtlich seiner Gesundheit sichergehen möchte, sollte diese umstrittenen Stoffe besser meiden – durch die Wahl von Naturkosmetik.

Wer Kosmetik verwendet, die ökologischen Ansprüchen genügt, fördert nicht zuletzt das Tierwohl. Tierschutzverbände haben sich jahrzehntelang dafür eingesetzt, Tierversuche in der Kosmetikindustrie abzuschaffen. Seit 11. März 2013 gilt ein EU-weites Verkaufsverbot für Kosmetikprodukte, die zuvor an Tieren erprobt wurden. Einzelne Inhaltsstoffe dürfen allerdings weiterhin getestet werden, wenn sie der EU-Chemikalienrichtlinie unterliegen. Das heißt, die Verbote von Tierversuchen beziehen sich nur auf Inhaltsstoffe, die ausschließlich für kosmetische Zwecke eingesetzt werden. Wenn Sie sichergehen wollen, Kosmetik ohne Tierversuche zu verwenden, können Sie sich an der Kosmetik-Positivliste des Deutschen Tierschutzbundes orientieren: tierschutzbund.de/kosmetik-positivliste. Über Kosmetikartikel, die gänzlich ohne Tierversuche auskommen, geben zudem verschiedene Siegel Auskunft, zum Beispiel der Hase mit schützender Hand.

# NACHHALTIGE ELEKTRONIK UND SPIELZEUG

## 5.1 HANDY, NOTEBOOK, PC & CO.

*Nach Schätzungen der Vereinten Nationen landen jedes Jahr weltweit ca. 40 Millionen Tonnen Elektrogeräte im Müll, darunter unzählige Mobiltelefone, Computer und Fernseher – ein unglaublicher Verschleiß von Ressourcen.[66]*

Das trifft vor allem zu, wenn die Geräte nicht fachgerecht entsorgt werden. Denn dann gehen wertvolle Rohstoffe wie Kupfer und Gold verloren, die eigentlich wiederverwendet werden können. Elektrogeräte bestehen zu einem Großteil aus Metallen, Kunststoff und Glas. Vor allem Metalle der Seltenen Erden, die zum Beispiel in Smartphones, Notebooks und LED-Leuchten verarbeitet werden, sind nur begrenzt verfügbar. (Zu den Seltenen Erden werden weltweit 17 Metalle gezählt: Scandium, Yttrium, Lanthan und die

Da steckt schon eine Menge drin: Technik, Energie, Chemie und Rohstoffe verschiedener Art machen einen Computer aus, zu sehen die Hauptplatine mit Prozessor, Speicher und Kühler.

14 im Periodensystem auf das Lanthan folgenden Metalle, die sogenannten Lanthanoide.) Und eben deshalb lohnt das Recycling für diese Rohstoffe: Alleine in Deutschland liegen schätzungsweise 100 Millionen alte Mobiltelefone unbenutzt in der Schublade.[67]

## WICHTIG! FACHGERECHT ENTSORGEN

Doch nicht nur um des Recyclings wertvoller Rohstoffe willen ist bei Elektrogeräten eine fachgerechte Entsorgung entscheidend: Handys, Laptops, PCs und Konsorten enthalten unter anderem Blei, Quecksilber und weitere Stoffe, die gesundheitsschädlich sind – weshalb sie nicht in den Hausmüll gehören. Seit 24. März 2006 können Sie solche Geräte laut Elektro- und Elektronikgeräte-Gesetz (ElektroG) kostenlos bei kommunalen Wertstoffsammelstellen abgeben, wo sie getrennt aufgenommen werden. So können, wie gesagt, Wertstoffe wie Metalle und Kunststoffe aus dem Elektroschrott wiederverwertet und Schadstoffe umweltgerecht entsorgt werden. In einigen Kommunen gibt es bereits die Gelbe Tonne plus, in der Sie kleine Elektronikgeräte auch ohne den Grünen Punkt entsorgen können. Akkus und Batterien gehören jedoch nicht in diese Tonne, da sie giftige Substanzen wie Arsen, Kupfer, Cadmium, Blei, Quecksilber und Nickel enthalten können.

## GENAUSO WICHTIG! BEWUSST EINKAUFEN

Nicht nur die Entsorgung spielt beim Thema nachhaltige Elektronik eine wichtige Rolle, sondern auch ein bewusstes Konsumverhalten. Man muss sich das einmal vorstellen: Um einen PC inklusive Monitor herzustellen, werden rund 2790 Kilowattstunden (kWh) Energie verbraucht und rund 850 Kilogramm Treibhausgase freigesetzt.[69] Außerdem sind dazu 1500 Liter Wasser und 23 Kilogramm verschiedene Chemikalien nötig. In jedem einzelnen Gerät – das gilt nicht nur für PCs – stecken also eine Vielzahl verschiedener Ressourcen. Umso wichtiger ist es, sich das bei jedem Neukauf bewusst zu machen und sich unter Umständen die Frage zu stellen: Brauche ich überhaupt ein neues Gerät oder taugt mein altes noch?

Falls ein Neukauf unvermeidlich ist, sollte die Wahl am besten auf ein möglichst umweltfreundliches Gerät fallen. Hierzu ist zu sagen, dass viele Hersteller unter „grüner" Elektronik in erster Linie stromsparende Geräte verstehen. Doch damit Tablet, Notebook, PC & Co. wirklich als nachhaltige Produkte durchgehen, braucht es deutlich mehr. Das beginnt bereits bei der Beschaffung der Arbeitsmaterialien, die möglichst ressourcenschonend erfolgen sollte, und endet bei einem einigermaßen umweltverträglichen Herstellungsprozess. Und stellen nicht faire Arbeitsbedingungen in den Zulieferbetrieben ebenfalls einen wichtigen Bestandteil von Nachhaltigkeit dar? Bisher gibt es im Grunde keine Elektronikgeräte, die all diesen Aspekten gerecht werden, doch immer mehr Hersteller versuchen, zumindest einzelne im Sinne nachhaltigen Handelns umzusetzen.

## INFO

Wie ein *Report von Greenpeace* aus dem Jahre 2014 zeigt, muss die Elektronikbranche noch einen weiten Weg gehen, um Tablets, Fernseher und Handys nachhaltig zu produzieren – auch wenn sich, seitdem die Organisation 2006 den ersten Report über „grüne" Elektronik veröffentlichte, vieles zum Positiven verändert hat. Einige der größten Handyhersteller verzichten bei der Herstellung ihrer Geräte bereits auf den Einsatz von gefährlichen Chemikalien wie Polyvinylchlorid, kurz PVC, und Flammschutzmittel; bei der Herstellung von Fernsehapparaten sieht es allerdings düster aus. Derzeit ist laut dem Report kein Hersteller bekannt, der seine Geräte ohne PVC und Flammschutzmittel produziert.[70]

## NÜTZLICHE KAUFTIPPS

Grundsätzlich ist es ratsam, bei Elektronikgeräten auf eine lange Lebensdauer zu achten. Computer, Laptops und Smartphones sind in der Regel schnell veraltet. Doch statt eines Neukaufs genügt häufig schon der gezielte Austausch einzelner Bauteile – oder das Update von Betriebssystemen. Durch gezieltes Aufrüsten einzelner Bestandteile können Sie die Nutzungsdauer der Geräte und ihrer einzelnen Komponenten verlängern. So schonen Sie Ressourcen und vermeiden unnötigen Elektronikschrott. Und Sie sparen nebenbei noch eine Menge Geld. Stellen Sie sich vor, Sie kaufen sich nicht alle zwei, sondern nur vier bis fünf Jahre ein neues Notebook. Da kommt über die Jahre einiges zusammen.

Achten Sie zudem auf Software, die an Ihre Bedürfnisse angepasst ist. Wer kennt es nicht? Zu viele und zu große Programme lagern auf Ihrem Rechner und machen ihn mit der Zeit immer langsamer. Eine Lösung für dieses Problem bieten zahlreiche Open-Source-Software-Alternativen, die nur geringen Speicherplatz beanspruchen und die Neuanschaffung eines leistungsfähigeren PCs nicht erforderlich machen. Zudem sparen Sie dabei Geld, denn viele dieser Programme sind für private Nutzer kostenlos.

Unter blauer-engel.de können Sie sich informieren, welche PCs, Drucker, Fax-Geräte und Multifunktionsgeräte mit dem Blauen Engel ausgezeichnet sind. Diese Produkte werden aus schadstoffarmen Materialien hergestellt, haben einen geringen Energieverbrauch und sind recyclinggerecht konstruiert. (Auskunft zu weiteren wichtigen Siegeln in Bezug auf nachhaltige Elektronik gibt unsere Siegelkunde; siehe S. 119 ff.). Kaufempfehlungen zu umweltfreundlichen Elektronikgeräten finden Sie unter ecotopten. de. Auch die Stiftung Warentest bietet nützliche Hinweise. Sie testet regelmäßig Geräte der Informationstechnik und Telekommunikation hinsichtlich ökologischer Kriterien wie Nutzungsdauer, Schadstoffgehalt und Stromverbrauch. Testergebnisse finden Sie unter test. de.

## WIE WIRD EIN SMARTPHONE NACHHALTIGER?

Betrachtet man den gesamten Lebenszyklus eines Smartphones, verursacht seine Herstellung die größten Umweltauswirkungen. In einem Smartphone sind etliche Metalle verbaut wie Kupfer, Nickel, Silber und Gold oder Tantal und Kobalt, die zu den Metallen der Seltenen Erden gehören. Viele dieser Metalle werden illegal abgebaut, nahe den Minen sind oft Böden und Wasser verseucht. Das entzieht den ortsansässigen Bauern ihre Lebensgrundlage in Form von gesunden Äckern; durch die ebenfalls durch den Abbau bedingte Luftverschmutzung leiden die Menschen zudem häufig an Lungenkrankheiten. Hinzu kommt: Die für die Herstellung eines Smartphones benötigte Energie stammt – bei der Produktion ist Ostasien führend – zumeist aus Kohlekraftwerken. Womit ein hoher Ausstoß von klimaschädlichem $CO_2$ verbunden ist.

Damit die Geräte in Zukunft umweltfreundlicher sind, müsste vor allem der Austausch von defekten Bauteilen auf einfache Weise möglich sein. Erste Schritte dazu gibt es bereits mit Smartphones, die aus Modulen bestehen sollen. Derzeit sind diese Geräte aber noch kaum auf dem Markt erhältlich. Doch mit dem Austausch des Akkus und umweltfreundlichem Recycling können Sie bereits heute dazu beitragen, ein Smartphone nachhaltiger zu machen.

Meist ist die Lebensdauer eines Akkus wesentlicher kürzer als die des Gerätes. Mit der Zeit verringert sich zudem seine Leistungsfähigkeit. Kann der Akku im Gerät nicht getauscht werden, bestimmt dieser also über die gesamte Lebensdauer Ihres Smartphones. Achten Sie deshalb bereits beim Kauf darauf, ob Sie den Akku selbst wechseln können, oder fragen Sie nach, was es kostet, wenn ein fest verbauter Akku durch eine Serviceleistung ausgetauscht wird.

Im Übrigen können Sie selbst dafür sorgen, dass der Akku Ihres Smartphones länger existiert. Bei den früher verwendeten Nickel-Cadmium-Akkus wirkt der sogenannte „Memory-Effekt", der bei Teilladung die Kapazität des Akkus verringert. Bei den neueren Lithium-Akkus können Sie dagegen die Lebensdauer verlängern, wenn der Akku nicht vollständig aufgeladen und nicht komplett entladen wird. Auch hohe und niedrige Temperaturen können Akkus schädigen. Laden Sie diese am besten nur bei Zimmertemperatur und möglichst in ausgeschaltetem Zustand.

## INFO

Per Smartphone kann jeder zu einem umweltfreundlichen Verhalten beitragen. Mit verschiedenen Apps können Sie sich beim Einkauf über nachhaltige Produkte erkundigen (so können Sie in Erfahrung bringen, welche Gemüse- und Obstsorten gerade Saison haben) oder Sie können sich über Möglichkeiten informieren, sich umweltschonend fortzubewegen. Beispiele hierfür sind siegelcheck.nabu.de oder bahn.de/p/view/service/fahrrad/call_a_bike.shtml.

## GEBRAUCHTE SMARTPHONES – EINE LOHNENDE ALTERNATIVE

Sie können funktionierende Smartphones kaufen oder verkaufen. Der Vorteil dabei: Ein gebrauchtes Handy kostet nur einen Bruchteil des Neugerätes. In vielen Fällen schneiden Gebrauchtgeräte in puncto Funktionalität fast ebenso gut ab wie Neugeräte. Abstriche muss man meist bei der Optik machen. Einige Anbieter geben sogar Garantie auf gebrauchte Produkte, sodass Sie in dieser Hinsicht auf der sicheren Seite sind.

Und wenn Sie Ihr altes Handy selbst nicht verkaufen wollen, gilt die Devise: Geben Sie es in eine Sammelstelle für alte Mobiltelefone. Einige Umweltorganisationen wie der Naturschutzbund (NABU) oder die Deutsche Umwelthilfe (DUH) haben Sammelstellen für alte Mobiltelefone eingerichtet. Mit dem zurückgegebenen Altgerät sorgen Sie gleich doppelt für den Umweltschutz: Zum einen können die Rohstoffe wiederverwertet werden und Schadstoffe landen nicht auf dem Müll, zum anderen erhalten die Umweltorganisationen in einigen Fällen dringend benötigtes Geld für Projekte. Auch bei Recyclingunternehmen und der Deutschen Post können Sie alte Handys kostenlos entsorgen.

## 5.2 SPIELZEUG AUS NACHHALTIGER FERTIGUNG

*Schwermetalle in Plastikautos, Weichmacher in Kuschel-
tieren, Formaldehyd in Holzspielzeug – immer wieder werden Eltern durch Spielzeugtests und Rückrufaktionen der
Hersteller beunruhigt. Da kann Abhilfe geschaffen werden
– durch Spielzeug aus nachhaltiger Fabrikation.*

Nachhaltigkeit bei Spielzeug besteht aus mehreren Komponenten.
Zum einen sollten die Produkte aus natürlichen und nachwachsenden Rohstoffen wie beispielsweise Holz bestehen, zum anderen gemäß ökologischen Kriterien hergestellt werden. Auch Langlebigkeit
und pädagogischer Spielwert spielen eine wichtige Rolle. Schadstoffe sind in Spielzeug aus nachhaltiger Fabrikation nicht enthalten. Das lässt sich von Spielzeug ansonsten nicht immer sagen.

Im Jahr 2015 meldete RAPEX (Rapid Exchange of Information
System), ein europäisches Schnellwarnsystem für gefährliche Ver-
braucherprodukte, rund 2100 Konsumgüter.[71] Mehr als die Hälfte
der beanstandeten Produkte kam aus China. Am häufigsten waren
Spielzeug und Textilien betroffen. Das Schnellwarnsystem stellt
sicher, dass Informationen über mögliche Gefährdungen und zu
treffende Maßnahmen schnell an die EU und die Behörden der
Mitgliedstaaten weitergeleitet werden.

Holzspielzeug,
wahrscheinlich
handgefertigt.
Ob es Nachhal-
tigkeitskriterien
genügt?

## WELCHE SCHADSTOFFE FINDEN SICH IN SPIELZEUG?

Kinder lieben Spielzeug! Doch wenn dieses mit Schadstoffen belastet ist, kann das für die Gesundheit gefährlich werden. Zu den chemischen Risiken im Spielzeug zählen etwa Schwermetalle wie Blei, polyzyklische aromatische Kohlenwasserstoffe (PAK), Formaldehyd oder Nickel. Eine erhöhte Bleibelastung kann zu Störungen der Hirnfunktion und zu Nervenschäden führen. Formaldehyd kann Haut und Schleimhäute reizen und im schlimmsten Fall zu Krebs führen; Nickel kann Allergien auslösen. Und die Schadstoffe im Spielzeug schaden auch der Umwelt. PAK beispielsweise können in der freien Natur kaum abgebaut werden, belasten Flüsse und Meere und reichern sich genauso wie Schwermetalle in Pflanzen oder den Organen von Tieren an.

Die Verbraucherorganisation Stiftung Warentest testet jährlich Spielzeug und kommt immer wieder zu alarmierenden Ergebnissen. So wurden beispielsweise 2015 30 Plüschtiere geprüft, wovon zwei Drittel wegen Schadstoffen oder gerissenen Nähten durchfielen[72] – darunter auch Plüschtiere namhafter Hersteller. Es sind also nicht nur Billigprodukte betroffen. Unter anderem wurden diese Schadstoffe gefunden: Duftstoffe, Formaldehyd, Nonylphenolethoxylate (NPE), PAK sowie Phthalate. Auf Letztere soll an dieser Stelle gesondert eingegangen werden.

Phthalate sind chemische Verbindungen, die als Weichmacher für Kunststoffe eingesetzt werden. Der normalerweise harte und spröde Kunststoff bekommt durch diesen Zusatz die erwünschten elastischen Eigenschaften. Doch von Phthalaten gehen gesundheitliche Risiken aus. Einige wie DEHP, DBP und BBP wurden als fortpflanzungsgefährdend eingestuft.

Der gesetzliche Grenzwert für bedenkliche Phthalat-Weichmacher in Spielzeug liegt derzeit bei 0,1 Prozent. Doch immer wieder werden die gesetzlichen Grenzwerte überschritten, wie auch der oben erwähnte Test der Stiftung Warentest zeigt.

## WIE GERATEN KINDER IN KONTAKT MIT DEN SCHADSTOFFEN?

Kleine Kinder stecken Spielzeug in den Mund oder kauen darauf herum. Je nachdem, wie stark das Produkt beansprucht wird, können sich kleinere oder größere Mengen der im Spielzeug enthaltenen Substanzen durch Speichel lösen und auf diese Weise in den Körper geraten. Einige Stoffe können sogar durch Schweiß vom Spielzeug gelöst werden und so auf der Haut wirken oder ebenfalls in den Organismus gelangen. Auch das Waschen, beispielsweise von Plüschtieren, hilft nicht immer gegen enthaltene Schadstoffe. Zwar ist es empfehlenswert, Plüschspielzeug vor der Benutzung zu waschen, doch PAK lassen sich auch durch mehrere Wäschen kaum entfernen.

## WAS SOLL ICH BEIM KAUF VON KINDERSPIELZEUG BEACHTEN?

Dass Spielzeug alle Sicherheitsanforderungen erfüllt, die in der EU vorgegeben sind, dafür trägt der Hersteller die Verantwortung und bestätigt dies durch das CE-Zeichen. Dabei handelt es sich allerdings um kein Prüfsiegel, da keine Sicherheitsüberprüfung durch ein unabhängiges Labor erfolgt. Mehr Sicherheit bietet das GS-Zeichen („Geprüfte Sicherheit"). Das Prüfsiegel wird nur nach erfolgreicher Sicherheitsüberprüfung des Spielzeugs durch ein eigenständiges, dafür zugelassenes Labor vergeben. In Deutschland können Hersteller ihre Spielzeuge freiwillig prüfen lassen und das GS-Zeichen erwerben. Hier sehen Sie neben dem GS-Zeichen immer das ID-Zeichen des jeweiligen Labors. Ein Produkt mit GS-Zeichen, aber ohne ID-Zeichen sollten Sie nicht kaufen.

Allerdings geben all diese Siegel keine Auskunft über die Umweltfreundlichkeit der Produkte. Es wäre wünschenswert, dass Hersteller ihre Produkte mit dem Blauen Engel kennzeichnen. Denn das ist das offizielle Siegel für umweltfreundliche Produkte. Schauen Sie beim Kauf von Kinderspielzeug auch auf die Testergebnisse der Stiftung Warentest und des Verbrauchermagazins *ÖKO-Test*. Das kann Ihnen bei der Auswahl eines geeigneten Produktes helfen.

**INFO**

Die Europäische Union hat 2009 eine neue Richtlinie über die *Sicherheit von Spielzeug* verabschiedet (RL 2009/48/EG). Es wurde festgelegt, dass Spielzeug – einschließlich der darin enthaltenen Stoffe – die Sicherheit und Gesundheit von Kindern und Dritten nicht gefährden darf. Die Richtlinie gilt für jedes Spielzeug, das in der EU in den Verkauf gebracht wird, auch wenn es woanders hergestellt wurde.

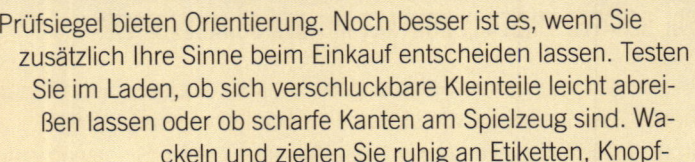

Prüfsiegel bieten Orientierung. Noch besser ist es, wenn Sie zusätzlich Ihre Sinne beim Einkauf entscheiden lassen. Testen Sie im Laden, ob sich verschluckbare Kleinteile leicht abreißen lassen oder ob scharfe Kanten am Spielzeug sind. Wackeln und ziehen Sie ruhig an Etiketten, Knopfaugen oder Nähten. Nichts anderes macht Ihr Kind zu Hause auch. Benutzen Sie Ihre Nase: Riecht Spielzeug unangenehm, sollten Sie es meiden. Auch beduftetes Spielzeug sollten Sie besser nicht mitnehmen. Denn manche Duftstoffe können Allergien auslösen. Bei Plüschtieren für Babys und Kleinkinder sind kurzflorige Stoffe geeigneter. Langflorige Kuscheltiere haaren oft mehr.

## TIPPS FÜR DEN EINKAUF VON UMWELTFREUNDLICHEM UND GESUNDEM SPIELZEUG

- Kaufen Sie lieber weniger, dafür qualitativ hochwertiges Spielzeug.

- Vermeiden Sie batteriebetriebene Spielwaren.

- Produkte mit Weichmacher umgehen Sie, wenn Sie auf die Hinweise „PVC-frei" oder „frei von Weichmachern/Phthalaten" achten. Seit 2005 wird das „spiel gut"-Siegel nicht mehr an Spielzeuge aus PVC vergeben.

- Bevorzugen Sie Spielzeug aus Polyethylen (PE), Polypropylen (PP) oder ABS (Acrylnitril-Butadien-Styrol-Copolymer). Diese Materialien gelten nach heutigem Wissensstand als ungefährlich.

- Secondhand-Spielzeug schont Geldbeutel und Umwelt. Doch achten Sie auch hier auf Qualität und Sicherheit. Spielzeuge aus Weichplastik wie etwa Puppen sollten Sie lieber nicht gebraucht kaufen. Sie können Weichmacher enthalten, die heute verboten sind.

- Mit der ToxFox-App (bund.net/toxfox) können Sie sich über Schadstoffe in Kinderspielzeug informieren.[73]

# KONSUM OHNE MÜLL?

## 6.1 EINKAUFEN OHNE VERPACKUNGSMÜLL

*Bei einem ganz normalen Einkauf im Supermarkt kommt einiges an Verpackungsmüll zusammen. Selbst wenn wir keine Plastiktüten an der Kasse nehmen, sondern unsere Einkäufe in der praktischen Klappbox nach Hause transportieren, stapeln sich nach dem Auspacken Plastikfolien, Umverpackungen etc. Alles unnötiger Müll, der unsere Umwelt belastet.*

Muss das sein? Ein Pappkarton hätte es wohl auch getan.

Sogar ehemals lose Produkte wie Gemüse werden immer häufiger vorverpackt verkauft. Und selbst die Erdbeeren aus heimischen Gefilden, früher in stabilen Pappkartons erhältlich, sind heute oft in Plastikschalen, nochmals umhüllt mit Plastikfolie, verpackt. Oder denken Sie nur an die eingeschweißte Gurke. Ist das wirklich nötig? Zudem werden die Verpackungen immer vielschichtiger und setzen sich häufig aus vielen unterschiedlichen Materialien zusammen – das macht das Recycling schwierig, mitunter fast unmöglich. Kein Wunder, dass Deutschland mehr Hausmüll produziert als fast jedes andere Land in der EU. Im Jahre 2014 waren es 462 Kilogramm Haushaltsabfälle pro Einwohner.[74]

## 17 MILLIONEN TONNEN

Jährlich fällt in Deutschland Verpackungsmüll an – Tendenz steigend. Über 17 Millionen Tonnen waren es alleine in 2014.[75] Ob Tomaten im Schälchen, Käse in der Folie oder Shampoo in der Flasche – überall begegnen wir dabei Plastik. Vor allem Plastiktüten in allen Größen und Farben bekam man bis Juli 2016 oft unverlangt in die Hand gedrückt. Meist sind sie aus Erdöl hergestellt, zudem wird für ihre Produktion unnötige Energie verbraucht.

Dramatisch sind die Auswirkungen, wenn Plastikabfälle in der Landschaft entsorgt werden. Selbst die dünnen Tütchen, die zum Verpacken von Obst und Gemüse benutzt werden – sogenannte Hemdchenbeutel – brauchen Jahrhunderte bis zur Zersetzung. Die Kunststoffreste zerfallen in winzig kleine Teilchen, wobei Additive wie Weichmacher freigesetzt werden. Über die gesundheits- und umweltschädigende Wirkung von Weichmachern wird seit Langem diskutiert. Bestimmte Phthalate haben eine hormonähnliche Wirkung, die sich negativ auf die Gesundheit auswirken kann. Reichern sich die hormonellen Störstoffe in der Umwelt und im Boden an, nehmen auch Tiere diese Chemikalien auf.

Auch in den Meeren stellen Plastikabfälle ein ernstes Problem dar: Durchschnittlich drei Viertel des Mülls in den Ozeanen bestehen aus Kunststoffen.[76] Das ist zuerst einmal schlecht für die Meeresbewohner: Von den Tieren wird Plastik in kleinen oder großen Portionen mit Nahrung verwechselt oder kann versehentlich verschluckt werden. Das kann den Verdauungstrakt der Tiere schädigen, ihren Magen verstopfen und zu inneren Verletzungen oder sogar zum Tod führen. Gelangt das Plastik in die Nahrungskette der Meeresbewohner, landet es schließlich in unserer – und so bedroht es zweitens auch unsere Gesundheit.

## PLASTIKTÜTEN ÜBER PLASTIKTÜTEN

In den einzelnen EU-Mitgliedstaaten ist die Anzahl der verwendeten Plastiktüten pro Person und Jahr sehr unterschiedlich.[78] Während in Irland 18 Tüten genutzt werden, sind es in Deutschland 71 Stück. Bulgarien beispielsweise verbraucht jährlich unglaubliche 421 Stück pro Person. Irland hat 2002 eine Abgabe auf Plastiktüten eingeführt und damit seinen Verbrauch drastisch reduziert. Derzeit haben die Iren den geringsten Plastiktütenverbrauch pro Kopf in Europa.

Am 26. April 2016 wurde von Handelsvertretern und dem Bundesumweltministerium eine freiwillige Vereinbarung unterzeichnet, nach der Plastiktüten auch in Deutschland nicht mehr kostenlos abgegeben werden dürfen. Diese trat zum 1. Juli 2016 in Kraft. Hintergrund dieser Vereinbarung ist eine EU-Richtlinie, die den Mitgliedstaaten vorschreibt, dass der Verbrauch von Plastiktüten reduziert werden muss – bis Ende 2019 auf maximal 90, bis Ende 2025 auf maximal 40 Stück pro Kopf.

Doch nicht nur, weil sie nun etwas kosten, gilt: Verzichten Sie auf Einwegtüten, unabhängig davon, aus welchem Material diese bestehen. Im Kofferraum Ihres Autos können Sie etwa stabile Boxen, Körbe oder Taschen verstauen, damit Sie auch spontane Einkäufe sicher nach Hause transportieren können. Und auch ohne Auto braucht man keine Plastiktüten. Ein kleiner zusammengefalteter Stoffbeutel nimmt nicht viel Platz in der Handtasche oder im Rucksack weg und ist bei Bedarf schnell zur Hand. Verwenden Sie Ihre Taschen möglichst häufig und tragen Sie so dazu bei, unnötigen Müll zu vermeiden. Sollten Ihre Händler noch Plastiktüten verwenden und haben Sie gerade nichts zum Einpacken dabei, fragen Sie nach Plastiktüten, die mit dem Blauen Engel gekennzeichnet sind. Diese bestehen zu mindestens 80 Prozent aus Recyclingkunststoff und sind derzeit unter den Einwegtüten noch die beste Wahl.

## BESSER UNVERPACKT

Nicht nur Tüten lassen sich vermeiden – kennen Sie schon die Unverpackt-Läden? Schauen Sie doch einmal vorbei und probieren Sie aus, ob dieses Einkaufskonzept zu Ihnen passt. In jedem Fall liegt „unverpackt" im Trend. Deutschlandweit eröffnen immer mehr Läden, die gänzlich auf Verpackungen verzichten und ihren Kunden Waren zum Selbstabfüllen anbieten. Die Kunden bringen ihre Gefäße oder Baumwolltaschen mit und füllen sich die benötigten  Mengen selbst ab. Es ist ein bisschen wie früher im Tante-Emma-Laden, nur dass das Sortiment um einiges vielfältiger ist.

Praktisch ist diese Art des Einkaufens auch für die vielen Single-Haushalte in Deutschland, deren Anzahl seit 20 Jahren beständig zunimmt. Im Jahr 1991 gab es in Deutschland ca. 11,86 Millionen Ein-Personen-Haushalte. 2015 waren es schon ca. 16,87 Millionen.[79] Für sie sind die Verpackungsgrößen im Supermarkt häufig viel zu groß. Und kleinere Verpackungen kosten nicht immer sehr viel weniger. In den Unverpackt-Läden kann sich jeder genau die Menge abfüllen, die er braucht. So werden nebenbei auch weniger Lebensmittel verschwendet. In ländlichen Gegenden tut man sich mit Neuerungen manchmal schwer, hier ist es deshalb wahrscheinlich schwierig, Unverpackt-Läden zu finden. Dafür gibt es sie derzeit beispielsweise in Städten wie Mainz, Kiel, Dresden, Bonn, Berlin, Heidelberg, Münster, Stuttgart und Trier.

Auch Wochenmärkte bieten lose Ware an und sind eine gute Möglichkeit, Verpackungsmüll einzusparen. Und auch wenn es nicht üblich ist, können Sie im Supermarkt nach unverpackter Ware fragen. Je mehr Kunden nachhaken, desto eher werden die Verantwortlichen über diesen Aspekt nachdenken (müssen). Außerdem kann man den Verpackungsmüll einfach im Geschäft belassen. Das macht zwar den Müll nicht weniger, doch Sie und hoffentlich mit Ihnen viele andere Kunden können so ein Zeichen setzen.

## INFO

Für Unverpackt-Läden gelten im Übrigen dieselben *Hygienevorschriften* wie für andere Supermärkte. Auch hier darf die Kühlkette bei leicht verderblichen Produkten wie Fleisch, Fisch und Milch auf gar keinen Fall unterbrochen werden.

## 6.2 MEHRWEG IST BESSER ALS EINWEG

*Die Vielfalt der Verpackungen ist groß. Entsprechend viele unterschiedliche Verfahren gibt es, um sie wiederzuverwerten. Für bestimmte Einweggetränkeverpackungen gilt eine Pfand- und Rücknahmepflicht. Noch besser ist das Mehrwegsystem.*

Hierbei handelt es sich um recycelbare Getränkeverpackungen, jedoch nicht um Mehrwegflaschen.

Sie kaufen eine Mehrwegflasche, trinken den Inhalt aus und bringen sie zurück zum Händler. Hier bekommen Sie das Pfand ausgezahlt – der Kreislauf beginnt quasi beim Kunden. Die leeren Flaschen werden vom Getränkefachgroßhandel abgeholt und an die Abfüllbetriebe zurückgebracht. Dort wird das Leergut kontrolliert, gründlich gereinigt und neu befüllt. Dann werden die Getränke wieder an den Handel ausgeliefert, Sie kaufen die Flaschen und der Mehrwegkreislauf schließt sich. Mehrwegflaschen aus Glas können beispielsweise mehr als 50-mal und PET-Mehrwegflaschen bis zu 25-mal wieder befüllt werden.

### SINN UND ZWECK VON MEHRWEG

Doch warum ist es umweltschonender, Flaschen zurückzugeben, zu spülen und wieder neu zu befüllen? Werden hierfür nicht auch Wasser und Energie benötigt? Gewiss, doch durch das mehrmalige Befüllen werden vor allem Ressourcen gespart.

Dazu muss man den gesamten Kreislauf der Herstellung betrachten: Für jede neue Flasche, die in den Verkauf geht, müssen zuerst die nötigen Rohstoffe gewonnen werden, anschließend muss in der Produktion reichlich Energie aufgewandt werden. Hinzu kommen Transportwege, die weitere $CO_2$-Emissionen verursachen. Entscheidend für die bessere Ökobilanz der Getränkeverpackung ist daher ihre Wiederverwendbarkeit. Das ist bei Glasflaschen und PET-Flaschen gegeben. Das mehrfache Befüllen spart Rohstoffe, reduziert Abfälle und erzeugt weniger Treibhausgase. Zudem sichert das Reinigen und Wiederbefüllen Arbeitsplätze in der Getränkeindustrie.

Doch eines gilt auch bei Mehrwegflaschen – aus ökologischer Sicht wenig sinnvoll ist der Kauf von importierten Getränken. Das gilt insbesondere für Wasser, immer noch das beliebteste Getränk in deutschen Haushalten. Denn je größer der energieintensive Transportweg, desto geringer wird der ökologische Vorteil von Mehrwegverpackungen. Bevorzugen Sie daher am besten Getränke regionaler Anbieter.

## SO ERKENNEN SIE MEHRWEGFLASCHEN

Seit 2003 gibt es in Deutschland zusätzlich zum Mehrwegpfand ein Einwegpfand. Damit ist das System nicht übersichtlicher geworden. Wenn Sie in Ihrem Freundes- und Bekanntenkreis fragen, gehen bestimmt viele davon aus, das Pfand gleich Mehrweg ist. Das ist aber nicht der Fall. Für alle nach der Verpackungsordnung pfandpflichtigen Einweg-Getränkeverpackungen gilt derzeit ein gesetzliches Pfand von 25 Cent. Pfandfrei sind insbesondere Einweg-Getränkeverpackungen, in die Fruchtsäfte und -nektare, Gemüsesäfte und -nektare, Milch und Milchmischgetränke, Wein, Sekt und Spirituosen abgefüllt werden. Auch auf Einweg-Getränkeverpackungen mit einem Füllvolumen unter 0,1 Liter und über 3 Liter wird kein Pfand erhoben. Einwegflaschen, für die das Pfand gilt, erkennen Sie am DPG-Logo, dem Zeichen der Deutschen Pfandsystem GmbH.

Die Pfand- und Rücknahmepflicht für Mehrweg-Getränkeverpackungen ist im Gegensatz zu den Einweg-Getränkeverpackungen nicht in der Verpackungsordnung geregelt. Bisher gibt es auch noch keine gesetzlich vorgeschriebene eindeutige Kennzeichnung für Mehrweg-Getränkeverpackungen. Mehrwegflaschen erkennen Sie entweder an den Zeichen „Mehrweg – für die Umwelt" bzw. „Der Blaue Engel – weil Mehrweg schützt die Ressourcen" oder an der Aufschrift „Mehrweg-Pfandflasche", „Mehrweg" oder „Mehrwegflasche" auf dem Etikett oder an der Reliefschrift „Leihflasche" auf der Flasche selbst. Auch an der Pfandhöhe können Sie sich orientieren: Sie ist niedriger als für Einweg und beträgt in der Regel zwischen 8 und 15 Cent. So können Sie sicher sein, dass es sich um umweltfreundliche Mehrwegflaschen handelt.

## MEHRWEG TO GO

Gehören auch Sie zu den Menschen, die ihren Kaffee gerne *to go* trinken? Doch jedes Mal einen neuen Becher zu benutzen und dann wegzuwerfen, ist nicht gerade umweltfreundlich. Umso schöner ist es, dass zahlreiche Geschäfte ihren Kaffee auch in Mehrwegbechern ausschenken. Die Lebensmittelverordnung verbietet die Wiederbefüllung mitgebrachter Mehrwegbecher übrigens nicht. Wenn also Ihr bevorzugter Laden auf Hygienevorschriften hinweist, zeigen Sie den Mitarbeitern den *Hygieneleitfaden der Deutschen Umwelthilfe*. Prominente wie Fernsehkoch Christian Rach, Moderatorin Inka Bause, die Ministerpräsidentin des Landes Rheinland-Pfalz Malu Dreyer und viele andere unterstützen die Kampagne „Becherheld – Mehrweg to go". Mehr Infos dazu finden Sie auf becherheld.de.

### WENIGER MÜLL DURCH MEHRWEG

- Kaufen Sie Mehrwegflaschen.

- Müssen Sie auf Einwegflaschen zurückgreifen, bringen Sie Flaschen mit Pfand zurück zum Händler und entsorgen Sie Flaschen ohne Pfand in der gelben Tonne oder im gelben Wertstoffsack.

- Verzichten Sie auf Einweggeschirr.

# 7 DER VERBRAUCHER HAT DIE MACHT

Der Verbraucher entscheidet, was in seinen Einkaufswagen kommt: ob herkömmliches oder nachhaltiges Produkt.

Konsum wird erst dann zukunftsfähig und nachhaltig, wenn die Produkte umwelt- und sozialgerecht erzeugt und nach Gebrauch in den Naturkreislauf zurückgegeben werden. Ein zukunftsfähiger Lebensstil umfasst den Kauf der „richtigen" Produkte, aber auch den bewussten Nicht-Konsum. Damit keine Missverständnisse aufkommen, sei gesagt: Es liegt an uns selbst!

Jeder von uns hat Freiheiten und Pflichten gleichermaßen. Statt auf Anweisungen von oben zu warten, können wir eigene Prioritäten setzen und selbst aktiv werden. Wesentlich für unsere Zukunft und für kommende Generationen ist, unsere Konsumentscheidungen und unseren Lebensstil so zu gestalten, dass sie im Einklang mit einer nachhaltigen Entwicklung stehen. Dass das nicht immer gelingt und bei den täglichen Anforderungen manchmal in Vergessenheit gerät, ist vollkommen verständlich.

Doch eines dürfen wir nicht vergessen – der Verbraucher hat die Macht. Auch wenn der Einzelne nicht gleich spürbare Veränderungen erreicht, steht eines fest: Je mehr Menschen für den Wandel einstehen, desto weniger können sich die Erzeuger und der Handel diesen entziehen. Denken Sie nur an die vegane oder vegetarische Bewegung, die in den letzten Jahrzehnten immer mehr an Einfluss gewonnen hat.

Heute sind vegetarische und vegane Produkte aus den Supermärkten nicht mehr wegzudenken und selbst herkömmliche Lokale haben ihre Speisekarten erweitert und bieten allerlei Gerichte in Bio-Qualität an. Hier hat der Verbraucher seine Macht gezeigt! Denn Geld ist als Machtmittel nicht zu unterschätzen: Rund 141 Milliarden Euro haben private Haushalte 2015 für Nahrungsmittel ausgegeben, für Bekleidung und Schuhe rund 75 Milliarden Euro.[80]

**Alles Bio!**

## FÜNF GOLDENE REGELN

20 Prozent aller Treibhausgasemissionen in Deutschland haben mit unseren Essgewohnheiten zu tun.[81] Das größte Problem dabei stellt, wie deutlich geworden sein dürfte, unser gigantischer Fleischkonsum dar. Fleisch verursacht einfach mehr Emissionen als Gemüse. Stammt dieses noch dazu aus kontrolliert-biologischem Anbau, ist es umwelt- und klimafreundlicher als konventionell angebautes Grünfutter. Auch Milchprodukte wie Butter, Käse und Sahne benötigen für ihre Herstellung viel Wasser und Energie, was eine relativ schlechte $CO_2$-Bilanz bewirkt. Nicht zu vergessen sind die enormen Mengen an Methan, die Kühe ausstoßen. Daraus folgt, dass unsere persönlichen Ernährungsvorlieben einen großen Einfluss auf unseren ökologischen Fußabdruck haben. Je nachdem, ob Sie Fleisch, Milchprodukte oder pflanzliche Lebensmittel bevorzugen, desto deutlichere Unterschiede zeigen sich in den von Ihnen verursachten Treibhausgasemissionen.

Wie die vorangegangenen Seiten zeigten, stellt das Thema Ernährung gleichwohl nur einen – wenn auch entscheidenden – Bereich dar, in dem wir unser Konsumverhalten nachhaltiger gestalten müssen. Daher seien an dieser Stelle nochmals fünf „goldene Regeln" genannt, die helfen sollen, konsumbedingte $CO_2$-Emissionen zu reduzieren:

- Kaufen und verbrauchen Sie weniger Konsumgüter.

- Verwenden Sie ökologisch hergestellte Produkte mit entsprechendem Siegel.

- Kaufen Sie Lebensmittel regional und saisonal ein.

- Essen Sie weniger Fleisch, dafür mehr Gemüse und Obst.

- Ersetzen Sie alte Haushaltsgeräte bei Bedarf durch Ecotopten-Geräte.

## NACHHALTIGKEIT IST KEIN VERZICHT

Das Wort Verzicht hat für uns einen negativen Beigeschmack. Wir denken dabei an etwas, das uns zum Verzicht zwingt. Doch schon im *Duden* werden als weitere Wortbedeutungen genannt: ein freiwilliger Verzicht oder seinen Verzicht auf etwas erklären. Das klingt bereits besser, nämlich nach einer selbstbestimmten Tat. Doch in der Konsumgesellschaft, in der wir leben, ist freiwilliges Verzichten eher selten angesagt – Kaufen und Besitzen hingegen sind *in*. Zu einem nachhaltigen Konsumverhalten gehört allerdings nicht nur der Kauf der „richtigen" Produkte, sondern auch der bewusste Nicht-Konsum überflüssiger Produkte.

Langsam macht sich in der Gesellschaft allerdings ein Umdenken bemerkbar. Denn verzichten kann auch gewinnen heißen. Nämlich dann, wenn Sie eine bewusste Kaufentscheidung treffen, sich für ein nachhaltiges oder gegen ein umweltschädliches Produkt entscheiden – und damit womöglich mehr Zeit, mehr Geld und mehr Gesundheit erlangen. Viele Menschen leben heute schon umweltbewusst und klimagerecht, ohne das Gefühl zu haben, auf etwas verzichten zu müssen. Vielleicht gehören Sie auch schon dazu?

Manchmal stellt man einfach zu hohe Ansprüche an sich selbst und bemerkt gar nicht, inwieweit sich der eigene Lebensstil schon verändert hat. Wenn Sie heute in einem energetisch sanierten Haus mit moderner Warmwasserbereitung wohnen, kurze Wege zu Fuß oder per Rad erledigen und sich vorwiegend von pflanzlichen Lebensmitteln ernähren, leben Sie bereits umweltfreundlicher als viele andere Menschen. Das ist doch ein riesiger Fortschritt, meinen Sie nicht auch? Auch auf kleine Schritte kann man stolz sein, denn die Welt so zu verändern, wie es sich viele von uns wünschen, wird nicht von einem Tag auf den anderen funktionieren.

Wie viel Verzicht auf nicht nachhaltige Produkte oder Konsumgüter überhaupt sich jeder Einzelne von uns leisten kann, hängt selbstverständlich von unseren Lebensgewohnheiten, der Lebenssituation und auch von unserem Geldbeutel ab. Auch der Wohnort spielt eine entscheidende Rolle. Denn gerade in den dörflichen Regionen können Sie den Bio-Supermarkt um die Ecke oder eine funktionierende Busverbindung in die nächste Stadt nicht herbeizaubern. Oft ist man auf das Auto angewiesen und beim saisonalen Obst- und Gemüsekauf muss man sich häufig nach dem Angebot des nächstgelegenen Supermarktes richten. Hier gilt es, die passende individuelle Balance zwischen der eigenen Lebensgestaltung und der Verantwortung für die Umwelt zu finden.

Überhaupt gilt: Jeder von uns ist anders, hat seine eigenen Werte, seine Vorstellungen und Bedürfnisse. Und auch wenn viele von uns nachhaltiger leben und konsumieren möchten, so wird doch jeder einen individuellen Weg beschreiten. Der eine möchte sich erst informieren, der andere fängt einfach an und der nächste hätte gerne einen exakten Plan. Überlegen Sie vielleicht am Anfang zuerst einmal, welches Thema für Sie besonders wichtig ist. Möchten Sie Geld sparen und trotzdem gut leben? Oder wollen Sie mehr auf Ihre Gesundheit achten? Ihre Ernährung umstellen und an das Wohl der Tiere denken? Stehen größere Anschaffungen bevor? Wo Sie anfangen, wenn Sie Ihre Konsumgewohnheiten ändern wollen, liegt ganz bei Ihnen. Die ersten Schritte zum nachhaltigen Einkauf sind Sie bereits gegangen. Denn indem Sie sich mit diesem Buch auseinandersetzen, haben Sie schon einen Schritt in die richtige Richtung gemacht.

Und wer weiß! Vielleicht werden Sie ja noch zum Profi im nachhaltigen Einkaufen. Oder Sie verzichten freiwillig und empfinden das als Bereicherung. Ob man das Ganze dann als minimalistische Lebensform, *Downshifting* oder einfaches Leben bezeichnen möchte, spielt eher eine untergeordnete Rolle. Auch die Menschen, die diesem Lebensstil frönen, sind völlig unterschiedlich: Die Spanne reicht vom sogenannten „Aussteiger" bis hin zu denen, die bewusst und gezielt konsumieren – und auch mal nichts kaufen.

Dass sich das Konsumverhalten in den letzten Jahren geändert hat, belegen auch Zahlen.[82] Zwar sind die Ausgaben für Konsum hierzulande gestiegen, doch gleichzeitig steigt die Nachfrage nach hochwertigen Produkten. Gerade die Anhänger eines minimalistischen Lebensstils kaufen bewusst ein, ohne dass das ein Widerspruch zu ihrer Lebensweise wäre. Viele hinterfragen, was sie kaufen, und sind nicht mehr bereit, jeden neuen Trend mitzumachen. Immer mehr Menschen leben vegan oder vegetarisch, verzichten bewusst auf ein Auto oder meiden Flugreisen. Und wer nicht minimalistisch, aber dennoch nachhaltig leben möchte, hat heute in Deutschland die Möglichkeit dazu.

## IST NACHHALTIG EINKAUFEN WIRKLICH ZU TEUER?

Mit gutem Gewissen shoppen, aber möglichst wenig zahlen? Ein Spagat, der nicht immer gelingt. Wer ausschließlich nach dem Preis einkauft, muss sich bewusst sein, dass womöglich jemand anders einen hohen Preis bezahlt. Doch was tun, wenn nicht viel Geld zur Verfügung steht? Über 7100 Menschen (Stand Juni 2016) würden laut mein-grundeinkommen.de mit Grundeinkommen mehr Bio- und Regionalprodukte kaufen. Doch ist es wirklich nur eine Frage des Geldes?

Unterm Strich kann man mit nachhaltigem *und* bewusstem Konsum sogar Geld sparen. Zwar kosten nachhaltige Produkte häufig mehr, doch wer bewusst einkauft, braucht weniger. Stichwort Lebensmittel: Wenn Sie kleinere Portionen einkaufen statt bei vermeintlichen Angeboten und Schnäppchen zuzuschlagen, müssen Sie nichts wegwerfen und sparen am Ende. Bei größeren Anschaffungen lohnt es sich ebenfalls, auf qualitativ hochwertige und langlebige Produkte zu setzen. Lassen sich diese noch dazu kostengünstig reparieren, umso besser. Bei Reparaturen können Sie auch auf *Repair Cafés* setzen.

## KINDER SIND UNSERE ZUKUNFT

Nicht immer hat man Zeit und Muße, an andere zu denken, auf die Umwelt zu achten und sich um die ferne Zukunft Gedanken zu machen. Das ist verständlich. Zudem weiß man oft nicht genau, woran man sich orientieren soll, um die richtigen Entscheidungen zu treffen. Gütesiegel (siehe Anhang) sind zwar hilfreich, doch sie klären nicht umfassend auf. Noch ist es ein weiter Weg, um auf einfache Weise nachhaltig konsumieren zu können. Hier ist nach wie vor Eigeninitiative gefragt. Und vorerst ist es häufig eben so, dass wir uns oft für ein kleineres Übel entscheiden und auch Widersprüche hinnehmen müssen.

Und für den Fall, dass man den Erwachsenen in Sachen Nachhaltigkeit und Klimaschutz nicht allzu viel Engagement zutraut, gilt: Je früher Kinder und Jugendliche mit dem Thema Nachhaltigkeit vertraut gemacht werden, desto eher werden sie ganz selbstverständlich damit umgehen. Schon heute gibt es viele Initiativen und Umweltzentren, in denen die jüngsten Mitglieder unserer Gesellschaft auf spannende Weise mehr über Umwelt, Naturschutz und Klima erfahren können.

Kennen Sie beispielsweise die „co2maus", den landesweiten Wettbewerb zum Klimaschutz? Rund 45 000 Kinder und Jugendliche haben sich von 2009 bis 2013 gemeinsam mit ihren Eltern aktiv für den Schutz des Klimas und für eine soziale und gerechte Welt eingesetzt. Alle zusammen haben sie über 40 000 Tonnen $CO_2$ eingespart. Im März 2009 wurde die „co2maus" von der Allianz Umweltstiftung in Berlin mit dem Deutschen Klimapreis ausgezeichnet. Auch die Graslöwen sind eine wunderbare Idee, Kindern das Thema Nachhaltigkeit näherzubringen. Mehr unter grasloewe. de. Darüber hinaus gibt es viele weitere Projekte in Kindergärten und Schulen.

# ANHANG

## NÜTZLICHE LINKS

Das Informationsportal der Bundesanstalt für Landwirtschaft und Ernährung informiert über das Bio-Siegel: oekolandbau.de/bio-siegel.

Hier erhalten Sie neben wertvollen Verbrauchertipps auch die Adressen der Verbraucherzentralen in den Bundesländern: verbraucherzentrale.de.

Der World Wide Fund for Nature (WWF) ist eine der größten und bekanntesten Naturschutzorganisationen weltweit: wwf.de.

Der Naturschutzbund Deutschland (NABU) wurde 1899 als „Bund für Vogelschutz" gegründet. Er setzt sich seit mehr als 100 Jahren für Mensch und Natur ein und ist Deutschlands größter Umweltverband: nabu.de.

Greenpeace ist eine internationale Umweltorganisation, die 1971 gegründet wurde und sich für Umwelt- und Tierschutz engagiert: greenpeace.de.

Der 1975 gegründete Bund für Umwelt und Naturschutz Deutschland (BUND) bemüht sich um den Schutz von Natur und Umwelt und ist einer der größten Umweltverbände in Deutschland: bund.net.

Das Forum ist der Verband des Fairen Handels in Deutschland und steht für gerechtere Bedingungen in Handel und Landwirtschaft weltweit ein: forum-fairer-handel.de.

Die Website gibt einen schnellen Überblick (Bewertung und Hintergrundinfos) über Label, Siegel und Gütezeichen. Für die schnelle Orientierung gibt es das Angebot seit 2014 auch als App: label-online.de.

Was genau zeichnen Umwelt- und Sozialsiegel aus? Wer nachhaltig einkaufen möchte, kann auf dieser Seite Siegel miteinander vergleichen und für sich die beste Wahl treffen. Für unterwegs laden Sie die App auf Ihr mobiles Endgerät und scannen das Siegel, das Sie interessiert: siegelklarheit.de.

Hier finden Sie Tests der Stiftung Warentest. Die Tests sind objektiv, unabhängig und erleichtern Ihnen die Entscheidung beim Einkauf: test.de.

Das Angebot des Rates für Nachhaltige Entwicklung (neben der Website gibt es auch eine App) liefert Tipps für nachhaltige Konsumentscheidungen in den Bereichen Lebensmittel, Mode und Kosmetik, Haushalt und Elektronik, Reisen und Mobilität, Wohnen und Bauen. Beachten Sie auch die Bewertungen von Siegeln und Produktkennzeichnungen: nachhaltiger-warenkorb.de.

#tatenfuermorgen ist ein Portal, das sich an alle Nachhaltigkeits-engagierten wendet. Es beinhaltet das Projekt Nachhaltigkeit, ein Qualitätssiegel des Rates für Nachhaltige Entwicklung, das Ideen und Initiativen kennzeichnet, welche die Gesellschaft nachhaltiger machen: tatenfuermorgen.de.

Wer nicht nur beim Einkaufen, sondern auch beim Essen im Restaurant wissen möchte, was auf dem Teller liegt, ist auf dieser Website richtig. Greentable ist eine Plattform für nachhaltigen Genuss in Restaurants, die sich an Gastronomen, Gäste und Erzeuger richtet: greentable.de.

Hier finden Sie Möglichkeiten, Ihren persönlichen ökologischen Fußabdruck zu berechnen: wwf.ch/de/aktiv/besser_leben/footprint oder footprint-deutschland.de.

# WICHTIGE PRODUKTKENNZEICHNUNGEN UND SIEGEL – EINE AUSWAHL

Im Folgenden wird eine Auswahl wichtiger Logos und Labels vorgestellt, die Ihnen beim nachhaltigen Einkauf von Lebensmitteln, Textilien, Kosmetik, Elektronik und Spielzeug helfen soll:

Das Siegel für Fairen Handel

*Fairtrade-Siegel:* Das Fairtrade-Siegel steht für stabile Mindestpreise und garantiert den Erzeugern zudem Fairtrade-Prämien für Gemeinschaftsprojekte. Es gewährleistet, dass alle Zutaten eines Produktes, die Fairtrade-zertifiziert existieren, auch Fairtrade sein müssen. Die internationalen Fairtrade-Standards beinhalten neben ökonomischen auch soziale Kriterien wie geregelte Arbeitsbedingungen. Hinzu kommen ökologische Mindeststandards wie ein umweltschonender Anbau und der Schutz natürlicher Ressourcen sowie die Förderung von Bio-Anbau. Mit dem Fairtrade-Siegel werden vor allem Lebensmittel ausgezeichnet. Daneben gibt es spezielle Produkt-Siegel für Baumwolle, Textilien, Gold und Kosmetik. Die sogenannten Fairtrade-Programme für Kakao, Zucker und Baumwolle zertifizieren einen fairen Rohstoffeinkauf durch Unternehmen und nicht das einzelne Produkt.

**Bitte beachten Sie!** „Fairtrade" ist ein eingetragenes Markenzeichen der Organisation Fairtrade-International. Daneben gibt es alternative Siegel, die fair gehandelte Produkte auszeichnen: zum Beispiel das Gepa-Logo oder Naturland fair.

*EU-Bio-Logo:* Die EU-Rechtsvorschriften für den ökologischen Landbau schreiben seit 2012 vor, dass in der EU vorverpackte Bio-Lebensmittel verpflichtend mit dem EU-Bio-Logo, einem zugehörigen Kontrollstellencode und einer allgemeinen Herkunftsangabe der Zutaten zu kennzeichnen sind. Betroffen sind Erzeugnisse aus dem ökologischen Landbau und Bio-Lebensmittel, die einen Verarbeitungsschritt in der Europäischen Gemeinschaft erhalten haben. Zusätzlich zum EU-Bio-Logo können Hersteller das sechseckige deutsche Bio-Siegel oder die Zeichen privater Anbauverbände verwenden.

*Bio-Siegel:* Das deutsche Bio-Siegel, das 2001 ins Leben gerufen wurde, richtet sich nach denselben Anforderungen der EG-Ökoverordnung wie das EU-Bio-Logo. Das Bio-Siegel ist teilweise mit einer Regionsangabe vorhanden, sodass es auch als Orientierung beim Kauf regionaler Lebensmittel dienen kann. Verarbeitete Agrarerzeugnisse, die nicht für den menschlichen Verzehr bestimmt sind (zum Beispiel Bekleidung aus Bio-Baumwolle oder Naturkosmetik), werden nicht durch das Bio-Siegel und die EU-Rechtsvorschriften für den ökologischen Landbau abgedeckt.

**Bitte beachten Sie!** Im Folgenden werden die drei größten ökologischen Anbauverbände vorgestellt, die jeweils über strengere Richtlinien und höhere Standards verfügen, als die EU-Rechtsvorschriften für den ökologischen Landbau vorschreiben.

_Bioland:_ Bioland ist der führende Verband für ökologischen Landbau in Deutschland, in dem über 6800 Landwirte, Gärtner, Imker und Winzer organisiert sind. Hinzu kommen Partner aus Herstellung und Handel wie Bäckereien, Molkereien, Metzgereien und Gastronomiebetriebe. Das zum Verband gehörige Siegel kennzeichnet die Lebensmittel der Verbandsmitglieder. Biolandprodukte verzichten auf Gentechnik, Massentierhaltung, chemisch-synthetische Dünger und Pestizide. Die strengen Richtlinien des Verbands gehen über den gesetzlichen Mindeststandard hinaus.

_Demeter:_ Als internationale Bio-Marke wirtschaften nicht nur in Deutschland, sondern weltweit Landwirte, Hersteller und Verarbeiter nach den strengen Demeter-Richtlinien. Diese stellen eine biologisch-dynamische Wirtschaftsweise sicher, die älteste Form einer ökologischen Landbewirtschaftung, die auf den Anthroposophen Rudolf Steiner zurück geht. Dabei wird dafür gesorgt, dass die Humusschicht kontinuierlich wächst, was wiederum dem Treibhauseffekt entgegenwirkt, weil Humus große Mengen Kohlendioxid bindet.

_Naturland:_ Aktuell arbeiten über 40 000 Erzeuger in 46 Ländern der Erde nach den Richtlinien des Verbands. Die mit dem zugehörigen Siegel gelabelten Produkte reichen von Fleischprodukten über Käse, Milch und Eier bis zu Salat, Obst und Getreideprodukten. Dazu kommen Kaffee, Tee, Rohrzucker, Gewürze, Südfrüchte und andere Produkte. Neben landwirtschaftlichen Erzeugnissen werden auch Meeresfrüchte und Fisch aus Aquakulturen und „Naturland Wildfisch" aus nachhaltiger Fischerei zertifiziert. Ergänzend zu den strengen Öko- und Tierschutzstandards gelten für alle Naturland Betriebe verbindliche Sozialrichtlinien. Die Zusatzzertifizierung Naturland Fair verbindet darüber hinaus Öko-Landbau und fairen Handel in einem Zeichen – und das für Nord und Süd. Naturland fair steht für die Einhaltung von Fair-Richtlinien wie faire Erzeugerpreise und partnerschaftliche Handelsbeziehungen.

*Regionalfenster:* Seit 2014 kennzeichnet das Regionalfenster Lebensmittel, Blumen und Zierpflanzen. Das Informationsfeld zeigt auf, woher die Zutaten stammen und wo sie verarbeitet wurden. Bei zusammengesetzten Produkten wird die Höhe des regionalen Anteils angegeben. Eine jährliche unabhängige Kontrolle stellt die Verlässlichkeit der Angaben sicher.

*V-Label:* In zahlreichen Lebensmitteln verbergen sich tierische Inhaltsstoffe, die nicht immer gleich zu identifizieren sind. Auch anhand der Zutatenliste ist nicht eindeutig nachvollziehbar, welche Produkte vegetarisch oder vegan sind. Denn Verarbeitungshilfsstoffe wie Gelatine bei der Weinherstellung werden zwar für bestimmte Produktionsschritte genutzt, jedoch nicht in der Zutatenliste aufgeführt, weil sie anschließend wieder aus dem Produkt entfernt werden. Das V-Label prüft deswegen neben den Inhaltsstoffen auch alle Verarbeitungshilfsstoffe auf tierische Herkunft, sodass der Verbraucher dadurch eindeutig erkennen kann, ob sich das Produkt für eine vegane oder vegetarische Ernährungsweise eignet.

*Marine Stewardship Council (MSC):* Das MSC-Siegel macht Fisch und Meeresfrüchte aus MSC-zertifizierten nachhaltigen Fischereien kenntlich. Gemäß dem MSC-Umweltstandard sorgen diese dafür, dass es ausreichend Fisch für die Zukunft gibt und Fangmethoden keine langfristigen Schäden an den Lebensräumen im Meer verursachen. Alle Betriebe, die MSC-zertifizierten Fisch verarbeiten, umpacken oder als unverpackte Frischware anbieten und mit dem MSC-Siegel kennzeichnen möchten, müssen nach dem MSC-Rückverfolgbarkeits-Standard zertifiziert sein.

**Bitte beachten Sie!** Bei Wildfisch gibt das MSC-Siegel Auskunft über nachhaltige Fischerei. Wer Fisch aus nachhaltiger Zucht kaufen will, sollte auf die Siegel von Bioland und Naturland sowie vom ASC (Aquaculture Stewardship Council) bei Verwendung gentechnikfreier Futtermittel achten.

*Ohne Gentechnik:* Laut EU-Gesetz sind gentechnisch veränderte Lebensmittel zwar kennzeichnungspflichtig. Das Siegel Ohne Gentechnik schließt dennoch eine Lücke: Verbraucher können damit ausschließen, dass tierische Produkte wie Milch, Fleisch oder Eier von Tieren stammen, die gentechnisch veränderte Futterpflanzen erhalten haben. Das staatliche Siegel – eine freiwillige Kennzeichnung – wird vom Verband Lebensmittel ohne Gentechnik e.V. (VLOG) vergeben, der zusätzlich das Siegel „VLOG geprüft" für VLOG zertifizierte Futtermittel vergibt. Bei pflanzlichen im Gegensatz zu tierischen Lebensmitteln garantiert Ohne Gentechnik sogar, dass es nicht einmal zu einer gentechnischen Verunreinigung von 0,9 Prozent kommen darf, ab der gentechnisch veränderte Lebensmittel kennzeichnungspflichtig sind. Bei Lebensmitteln gilt ein Bestimmungsgrenzwert von 0,1 Prozent je Zutat, soweit diese Verunreinigung zufällig oder technisch unvermeidbar war.

_Für Mehr Tierschutz:_ Das Label Für Mehr Tierschutz stellt eine einheitliche Kennzeichnung für Produkte tierischen Ursprungs dar, die über den gesetzlichen Mindeststandard hinaus für eindeutige Verbesserungen bei der Haltung, der Schlachtung und dem Transport von Tieren bürgt. Das Tierschutzlabel wird vom Deutschen Tierschutzbund vergeben und ist in einer Einstieg- und Premiumstufe mit höherem Platzangebot für die Tiere erhältlich.

_NATURTEXTIL IVN Zertifiziert BEST:_ Während bei Lebensmitteln das EU-weit gültige Bio-Siegel regelt und kenntlich macht, was „Bio" und „Öko" ist, gibt es bei Textilien bisher keine offizielle Regelung, wann man von nachhaltigen Produkten sprechen kann. Die Qualitätszeichen des Internationalen Verbands der Naturtextilwirtschaft e. V. (IVN) schaffen Abhilfe und kennzeichnen ökologische und sozialverträglich hergestellte Textilprodukte. Die Siegelstandards gelten für den gesamten Herstellungsprozess: Von der Rohstofferzeugung über das Spinnen, Weben und Nähen bis hin zur Färbung und Ausrüstung von Textilien sind alle Verarbeitungsschritte eingeschlossen. Das blaue Label NATURTEXTIL IVN Zertifiziert BEST zeichnet Textilien aus Naturfasern aus.

_NATURLEDER IVN Zertifiziert:_ Das rote Qualitätszeichen NATURLEDER stellt den einzigen ökologischen Standard für dieses Produkt im europäischen Raum dar. Es werden sämtliche Herstellungsstufen von der Rohware bis zum Verkauf und Gebrauch des fertigen Leders (nicht des verarbeiteten Lederprodukts) bei der Siegelvergabe berücksichtigt.

_Global Organic Textile Standard (GOTS):_ Dieser weltweit verbreitete Standard wird von der GOTS GmbH vergeben, deren Mitinhaber der IVN ist. Die Ansprüche des GOTS liegen etwas unter denen des NATURTEXTIL IVN Zertifiziert BEST. Global Organic Textile Standard ist der Mindeststandard für die Produkte, die der IVN unter den Gesichtspunkten der Umwelt- und Sozialverträglichkeit als Naturtextilien bewertet.

*STANDARD 100 by OEKO-TEX®:* STANDARD 100 by OEKO-TEX® ist ein unabhängiges Zertifizierungssystem und Produktlabel, das die Verwendung von möglichen Schadstoffen in Textilien durch umfassende Labortests ausschließt oder streng reglementiert. Textilprodukte dürfen nur dann mit dem Label STANDARD 100 by OEKO-TEX® gekennzeichnet werden, wenn alle Bestandteile den Prüfkriterien entsprechen, das beinhaltet auch Zubehör wie Nieten, Knöpfe, Reißverschlüsse und Einlagen. Neben dem STANDARD 100 bietet OEKO-TEX® weitere Zertifizierungen an, um Produkte auf Schadstoffe und eine nachhaltige (umweltfreundliche und sozial verantwortliche) Herstellung überprüfen zu lassen.

*Fair Wear Foundation:* Unternehmen, die der Fair Wear Foundation (FWF) beitreten, verpflichten sich mit ihren Lieferanten die FWF-Arbeitsrichtlinien umzusetzen. Diese gründen auf den Kernarbeitsnormen der Internationalen Arbeitsorganisation und schließen freie Arbeitswahl, keine Ausbeutung durch Kinderarbeit, angemessene Arbeitszeiten, keine Diskriminierung, rechtsverbindliche Arbeitsverträge, gesundheitsverträgliche Arbeitsbedingungen, Vereinigungsfreiheit und die Zahlung existenzsichernder Löhne ein. Mitgliedsunternehmen, die bei den FWF-Bewertungen gut abschneiden, dürfen das FWF-Label direkt an den Textilprodukten nutzen.

*Der Blaue Engel:* Wer umweltbewusst leben möchte, kann sich seit 1978 am Blauen Engel, dem Umweltzeichen der Bundesregierung zum Schutz von Mensch und Umwelt, orientieren. Die Anforderungen des Blauen Engels prüfen die Auswirkungen der Produkte auf Klima, Ressourcen, Wasser, Boden, Luft und die Gesundheit des Menschen. Für verschiedene Produkte können die Anforderungen unterschiedlich streng sein und den Produktlebenszyklus entweder in Teilen oder in Gänze betreffen. Ingesamt werden Haushaltsgegenstände, Schuhe und Textilien, Bürogeräte und Computer, Reinigungsdienstleistungen, Renovierprodukte, Polstermöbel und Holzprodukte zertifiziert. Alle Produktgruppen werden derzeit einem der vier Schutzziele des Blauen Engels zugeordnet: Umwelt und Gesundheit, Klima, Ressourcen sowie Wasser. Eine Umschrift weist auf den wesentlichen Umweltnutzen des gekennzeichneten Produktes hin, zum Beispiel „weil aus 100% Altpapier" oder „weil Mehrweg".

*Europäisches Umweltzeichen:* Die Vergabe des 1992 von der Europäischen Kommission ins Leben gerufenen EU Ecolabels erfolgt an Produkte und Dienstleistungen, die geringere Umweltauswirkungen haben als vergleichbare Angebote. Die Bandbreite der ausgezeichneten Produkte reicht von Reinigungsmitteln über Textilien, Schmierstoffe, Farben und Lacke bis zu Beherbergungsbetrieber und Campingplätzen. Auch werden Haushaltsgeräte sowie Fernseher und Computer zertifiziert. Ausgeschlossen von der Siegelvergabe, die in Deutschland vom Umweltbundesamt verantwortet wird, sind bislang Nahrungsmittel, Getränke, Arzneimittel und medizinische Geräte. Insgesamt sind die Anforderungen, die ein Produkt erfüllen muss, je nach Produktgruppe unterschiedlich. In Deutschland ist das Umweltbundesamt für die Entwicklung der Vergabegrundlagen und die RAL gGmbH für die Zertifizierung zuständig.

_BDIH Kontrollierte Natur-Kosmetik:_ Der Bundesverband der Industrie- und Handelsunternehmen für Arzneimittel, Reformwaren, Nahrungsergänzungsmittel und kosmetische Mittel e.V. (BDIH) vergibt das Siegel an die Erzeugnisse von Mitgliedsunternehmen. Die ausgezeichneten Produkte werden ohne synthetische Farb-, Duft- und naturfremde Konservierungsstoffe hergestellt. Neben den eingesetzten pflanzlichen Rohstoffen, die nach Möglichkeit aus biologischem Anbau stammen sollen, zählen auch umwelt- und ressourcenschonende Herstellungsverfahren, die optimale Abbaubarkeit von Rohstoffen sowie der sparsame Einsatz recyclebarer Verpackungsmaterialien zu den Produktstandards.

_NATRUE:_ NATRUE kennzeichnet Naturkosmetik und Biokosmetik in drei Zertifizierungsstufen: Die grundlegende Stufe Naturkosmetik schreibt vor, dass nur natürliche, naturnahe und naturidentische Inhaltsstoffe zugelassen sind und wie sie verarbeitet werden dürfen. Bei Naturkosmetik mit Bio-Anteil gilt zusätzlich, dass mindestens 70 Prozent der natürlichen Inhaltsstoffe aus kontrolliert biologischem Anbau und/oder kontrollierter Wildsammlung stammen müssen. Bei Biokosmetik muss es sich hierbei um 95 Prozent handeln.

_TCO Certified:_ Die nachhaltige Zertifizierung ist für Computer und weitere IT-Produkte verfügbar. Die Standards von TCO Certified sollen die Nachhaltigkeit von Produkten in allen Phasen ihres Lebenszyklus garantieren – von der Herstellung über die Benutzung bis zur Entsorgung. Zu den Kriterien gehören eine sozial verantwortliche Herstellung, Umweltfreundlichkeit sowie ergonomisches Design und Benutzerfreundlichkeit. TCO Certified umfasst auch die unabhängige Überprüfung von Produkten und Fabriken sowie Markenverantwortung. Insgesamt werden acht Produktgruppen ausgezeichnet: Displays, Notebooks, Tablets, Smartphones, Desktops, PCs, Projektoren und Headsets.

**Bitte beachten Sie!** Auch das EU-Energielabel kennzeichnet mittels sieben Energieeffizienzklassen (A bis G) energieverbrauchsrelevante Waren. Aktuell gilt Kennzeichnungspflicht für Kühl- und Gefriergeräte, Staubsauger, Lampen und Leuchten, Waschmaschinen, Wasch- und Wäschetrockner, Elektrobacköfen, Dunstabzugshauben, Geschirrspüler, Klimageräte sowie Fernseher und Weinlagerschränke. Außerdem stellt der Energy Star ein US-amerikanisches Umweltzeichen dar, das energiesparende Bürogeräte (PCs, Bildschirme, Drucker, Faxgeräte, Kopierer, Scanner und Multifunktionsgeräte) kennzeichnet.

*spiel gut:* Spielzeug, das mit dem Siegel des spiel gut e.V. ausgezeichnet ist, wird nicht nur auf Funktion, Sicherheit, Spielwert und gesundheitliche Aspekte geprüft, sondern auch daraufhin, ob es umweltverträglich ist. Bewertet werden hierbei das verwendete Material, der Energieaufwand und die Umweltbelastung bei der Produktion, beim Gebrauch und bei der Entsorgung. Hinzu kommen die Langlebigkeit des Spielzeugs, die Reparierbarkeit und Recyclingmöglichkeiten.

*Mehrweg:* Neben dem Blauen Engel für Mehrweg garantiert das Mehrwegzeichen, dass eine Flasche zum umweltfreundlichen Mehrwegsystem gehört. Das Zeichen entstand 2004 – der Grund: Ein Jahr nach Einführung des Pflichtpfandes auf Einwegflaschen wurde ersichtlich, dass Verbraucher immer schwerer zwischen Einweg- und Mehrwegflaschen unterscheiden können. Dem Arbeitskreis Mehrweg GbR obliegt die Markenführung des Mehrwegzeichens. Es darf lediglich auf Flaschen abgebildet sein, die abgefüllt, transportiert, eingeschenkt und getrunken werden und anschließend wieder über den Händler zum Abfüller zurückgebracht und dort gereinigt werden.

# VERWEISE

1 https://www.bundjugend.de/wp-content/uploads/Homepage-Version.pdf

2 http://www.un-documents.net/wced-ocf.htm

3 http://www.factor10-institute.org/index.html

4 https://epub.wupperinst.org/frontdoor/index/index/docId/1533

5 https://www.nabu.de/umwelt-und-ressourcen/oekologisch-leben/alltagsprodukte/oekologischerrucksack.html

6 http://wupperinst.org/uploads/tx_wupperinst/Mobiltelefone_Factsheets.pdf

7 http://www.faktor-x.info/wissenschaft/methoden-oktober-2004/wackernagel-oekologischer-fussabdruck.html sowiehttp://www.footprintnetwork.org/

8 http://www.wwf.at/de/view/files/download/showDownload/?tool=12&field=download&sprach_connect=2731

9 https://www.umweltbundesamt.de/themen/klima-energie/klimawandel/weltklimarat/fuenfter-sachstandsbericht-des-weltklimarats#textpart-2

10 https://www.umweltbundesamt.de/themen/klima-energie/klima-schutz-energiepolitik-in-deutschland/treibhausgas-emissionen/europaeischer-vergleich-der-treibhausgas-emissionen

11 https://www.umweltbundesamt.de/themen/wirtschaft-konsum/konsum-umwelt-zentrale-handlungsfelder#textpart-1

12 http://www.co2online.de/klima-schuetzen/nachhaltiger-konsum/fleisch-klimawandel/

13 https://www.wwf.de/fileadmin/fm-wwf/Publikationen-PDF/Klimawandel_auf_dem_Teller.pdf

14 https://www.wwf.de/fileadmin/fm-wwf/Publikationen-PDF/WWF_Fleischkonsum_web.pdf

15 https://www.bund.net/fileadmin/user_upload_bund/publikationen/ressourcen_und_technik/ressourcen_schuetzen_respektvoll_nutzen.pdf

16 https://www.dge.de/ernaehrungspraxis/vollwertige-ernaehrung/10-regeln-der-dge/

17 http://www.iarc.fr/en/media-centre/pr/2015/pdfs/pr240_E.pdf

18 https://www.dge.de/ernaehrungspraxis/vollwertige-ernaehrung/10-regeln-der-dge/

19 https://www.wwf.de/fileadmin/fm-wwf/Publikationen-PDF/Klimawandel_auf_dem_Teller.pdf

20     http://europa.eu/rapid/press-release_MEX-11-0914_
en.htm?locale=en

21     http://www.bmel.de/SharedDocs/Downloads/Broschueren/ZGFDT-
Info.pdf?__blob=publicationFile

22     https://www.bund.net/fileadmin/user_upload_bund/publikationen/
ressourcen_und_technik/ressourcen_schuetzen_respektvoll_nutzen.
pdf

23     http://www.wwf.de/2016/maerz/deutschlands-wasserproblem/

24     http://www.wwf.de/wasser-fussabdruck-deutschland-verbraucht-drei-
mal-jaehrlich-den-bodensee/

25     https://www.nabu.de/imperia/md/content/nabude/gentechnik/hinter-
grund/baumwolle_hintergrund.pdf

26     http://happyplanetindex.org/

27     http://ec.europa.eu/eurostat/statistics-explained/index.php/Quali-
ty_of_life_in_Europe_-_facts_and_views_-_overall_life_satisfaction

28     http://www.pnas.org/content/107/52/22463.abstract

29     http://www.bmz.de/de/ministerium/ziele/2030_agenda/index.html

30     https://de.statista.com/statistik/daten/studie/299569/umfrage/absatz-
von-fairtrade-suedfruechten-in-deutschland/

31     http://www.stmelf.bayern.de

32     https://www.dge.de/ernaehrungspraxis/vollwertige-ernaehrung/10-
regeln-der-dge/

33     https://www.gfk.com/fileadmin/user_upload/dyna_content/DE/docu-
ments/News/Consumer_Index/CI_03_2016_oD.pdf

34     https://www.test.de/Vegetarisch-essen-Fleischersatz-aus-Tofu-und-
Soja-eine-Alternative-5017895-0/;http://www.gfk.com/de/

35     http://www.bve-online.de/themen/verbraucher/konsumententrends

36     https://www.lfl.bayern.de/mam/cms07/publikationen/daten/
schriftenreihe/p_19790.pdf sowiehttp://www.ndr.de/der_ndr/presse/
mitteilungen/Panorama-3-Eier-aus-Freilandhaltung-haeufig-eine-
Mogelpackung,pressemeldungndr15630.html

37     https://www.oekolandbau.de/fileadmin/redaktion/dokumente/service/
Zahlen/infas_praesentation_Oekobaro

38     https://www.bundesregierung.de/Content/DE/Artikel/2014/06/2013-
06-12-lebensmittel-in-d-weitgehend-gentechnikfrei.html

39     http://www.vzhh.de/ernaehrung/133182/Kostenfalle%20Fertiglebens-
mittel.pdf

40     http://apps.who.int/iris/bitstream/10665/149782/1/9789241
549028_eng.pdf?ua=1

41     http://www.bmel.de/SharedDocs/Downloads/Ernaehrung/WvL/Stu-
die_Lebensmittelabfaelle_Kurzfassung.pdf?__blob=publicationFile

42  https://www.bundesregierung.de/Content/DE/Artikel/2015/03/2015-03-27-service-lebensmittel.html

43  Bundesministerium für Umwelt, Naturschutz, Bau und Reaktorsicherheit; www.co2online.de; www.waterfootprint.org; www.virtuelles-wasser.de

44  https://de.statista.com/statistik/daten/studie/214497/umfrage/ausgabenbereitschaft-fuer-nachhaltig-hergestellte-bekleidung/Siehe auch: Gerd Müller, Bundesminister für wirtschaftliche Zusammenarbeit und Entwicklung; Publikation E+Z Jg. 56.2015:2

45  http://www.umweltinstitut.org/

46  http://www.greenpeace.org/eastasia/publications/reports/toxics/2014/little-story-mess-2/

47  https://www.greenpeace.de/sites/www.greenpeace de/files/publications/20131212-greenpeace-outdoor-report-2013.pdf sowiehttps://www.greenpeace.de/kampagnen/detox

48  http://www.oeko-fair.de/index.php/cat/1039/title/Was_ist_virtuelles_Wasser_

49  http://farmhub.textileexchange.org/farm-library/farm-reports

50  https://www.greenpeace.de/textilratgeber

51  https://www.bmz.de/de/mediathek/publikationen/reihen/infobroschueren_flyer/infobroschueren/Materialie247

52  https://www.bmz.de/de/mediathek/publikationen/reihen/infobroschueren_flyer/infobroschueren/Materialie247_textilbuendnis_zumThema.pdf

53  http://www.forum-fairer-handel.de/fairer-handel/zahlen-fakten/

54  https://www.fairtrade-deutschland.de/was-ist-fairtrade/fairtrade-standards/fairtrade-textilstandard-und-textilprogramm.html

55  http://www.greenpeace.de/files/publications/20151123_greenpeace_modekonsum_flyer.pdf

56  https://www.destatis.de/DE/PresseService/Presse/Pressemitteilungen/2016/04/PD16_139_631.html

57  https://www.verbraucherzentrale.de/unseriose-kleidersammlungen--lukratives-Geschaeft-mit-abgelegten-roecken-und-hosen

58  https://www.test.de/Recyclingmode-Wie-die-Textilbranche-aus-Plastikmuell-und-Altkleidern-Neues-macht-4830881- 4830887/

59  https://www.umweltbundesamt.de/themen/gibt-es-umweltfreundliche-waschmittel

60  Ausschlaggebend für die Umweltverträglichkeit von Waschmitteln sind zudem, wie gesagt, vor allem die Dosierung und die Häufigkeit der Nutzung.

61  https://www.umweltbundesamt.de/themen/chemikalien/wasch-reinigungsmittel/umweltbewusst-waschen-reinigen

62   https://www.test.de/Koerperoele-im-Test-Wie-pflanzliche-Oele-die-Haut-pflegen-4817892-0/

63   https://www.test.de/Mineraloele-in-Kosmetika-Kritische-Stoffe-in-Cremes-Lippenpflegeprodukten-und-Vaseline-4853357-0/

64   http://www.bund.net/themen_und_projekte/meeresschutz/muellkampagne/mikroplastik/produkt_melden/

65   http://www.aerosolverband.de/spraydose/produktion-marktzahlen-in-deutschland/aktuelle-produktionszahlen.html

66   http://i.unu.edu/media/unu.edu/news/52624/UNU-1stGlobal-E-Waste-Monitor-2014-small.pd

67   https://www.bitkom.org/Presse/Presseinformation/100-Millionen-Alt-Handys-liegen-ungenutzt-zu-Hause.html

68   https://www.gruener-punkt.de

69   https://www.klimaschutz.de/sites/default/files/page/downloads/izt_text_5-2015_mobicheck.pdf

70   http://www.greenpeace.de/files/publications/green_gadgets_final_artwork_2.pdf

71   http://ec.europa.eu/consumers/consumers_safety/safety_products/rapex/reports/docs/rapex_annual_report_2015_en.pdf

72   Dezember-Ausgabe der Zeitschrift test 12/2015

73   http://www.bund.net/nc/presse/pressemitteilungen/detail/artikel/die-neue-bund-app-toxfox-der-produktcheck-sorgt-fuer-mehr-transparenz-ueber-giftstoffe-in-kind/

74   https://www.destatis.de/DE/PresseService/Presse/Pressemitteilungen/2015/12/PD15_467_321.html;jsessioni

75   https://www.umweltbundesamt.de/daten/abfall-kreislaufwirtschaft/entsorgung-verwertung-ausgewaehlter-abfallarten/verpackungsabfaelle

76   http://www.wwf.de/themen-projekte/meere-kuesten/unsere-ozeane-versinken-im-plastikmuell/

77   http://www.umweltbundesamt.de/presse/presseinformationen/erster-runder-tisch-gegen-meeresmuell

78   https://www.envir.ee/sites/default/files/report_options_2011.pdf

79   https://de.statista.com/statistik/daten/studie/156951/umfrage/anzahl-der-einpersonenhaushalte-in-deutschland-seit-1991/

80   https://www.destatis.de/DE/Publikationen/Thematisch/VolkswirtschaftlicheGesamtrechnungen/Inlandsprodukt/KonsumausgabenPDF_5811109.pdf?__blob=publicationFile

81   https://www.energieatlas.bayern.de/buerger/ernaehrung.html

82   http://www.gfk.com/de/insights/press-release/privater-verbrauch-auch-weiterhin-stuetze-der-wirtschaft/

# REGISTER

**Bildnachweis**

S. 5: AlexandrBognat/Shutterstock.com; S. 6: AlexandrBognat/Shutter-stock.com; S. 9: Andre Bonn/Shutterstock.com; S. 10: Kletr/Shutterstock.com; S. 13: Lisovskaya Natalia/Shutterstock.com; S. 19: TaiChesco/Shutterstock.com; S. 22: captainblueberry/Shutterstock.com; S. 26: Yulia Davidovich/Shutterstock.com; S. 27: bjonesphotography/Shutterstock.com; S. 30: HandmadePictures/Shutterstock.com; S. 35: Polarpx/Shutterstock.com; S. 42: Ken Niphon/Shutterstock.com; S. 47: Aleksander Krsmanovic/Shutterstock.com; S. 52: Evan Lorne/Shutterstock.com; S. 56: GoodMood Photo/Shutterstock.com; S. 57: nito/Shutterstock.com; S. 60: BCFC/Shutterstock.com; S. 64: MediaGroup_BestForYou/Shutterstock.com; S. 67: enterlinedesign/Shutterstock.com; S. 69: Nejron Photo/Shutterstock.com; S. 75: Sven Hoppe/Shutterstock.com; S. 80: Africa Studio/Shutterstock.com; S. 86: humbak//Shutterstock.com; S. 87: Jacomo/Shutterstock.com; S. 93: seewhatmitchsee/Shutterstock.com; S. 97: MNI/Shutterstock.com; S. 98: Komsan Loonprom/Shutterstock.com; S. 102: Teerasak Ladnong-khun/Shutterstock.com; S. 105: Smit/Shutterstock.com; S. 106: TZIDO SUN/Shutterstock.com

Alle Illustrationen stammen von Andreas Denzer, Hamburg.

# REIHENINFORMATION

Wir müssen die Welt retten! Und zwar schnell, das ist klar. Oder nicht? Warum wir klima- und umweltfreundlich leben sollten und auf welche Weise, zeigt die Reihe *Nachhaltigkeit & Klimaschutz* – informativ, inspirierend und wegweisend.

*Nachhaltig einkaufen im Handumdrehen* enthält eine Vielzahl von Informationen zum Thema nachhaltiger Konsum mit Schwerpunkten auf Ernährung und Bekleidung.

Bereits erschienen sind:

*Nachhaltig wohnen im Handumdrehen* zeigt eine Reihe von Möglichkeiten auf, wie man in den eigenen vier Wänden zum Klima- und Umweltschützer werden kann.

*Klimafreundlich leben im Handumdrehen* erklärt den Klimawandel und gibt $CO_2$-Spartipps für alle Bereiche des Lebens. Der Band enthält Grundlegendes zum Thema Klimaschutz, während die übrigen Bände weiterführende Informationen zu einem klimaschonenden und nachhaltigen Leben bieten.

Außerdem erscheint im Januar 2017 *Nachhaltig mobil im Handumdrehen*.

# DIE AUTORIN

(© privat)

**Jana Lösch,** Jahrgang 1968, ist freiberufliche Autorin, Journalistin und Texterin. Sie verfasst Web- und Werbetexte sowie Reiseführer und Sachbücher, zum Beispiel Garten- und Gesundheitsratgeber. Ihren Buchthemen geht sie mit Begeisterung und Liebe zum Detail auf den Grund. Besonders am Herzen liegen ihr Tierschutz, Nachhaltigkeit und Umweltschutz.